劉君祖易經世界

身處變動的時代，易經教你掌握知機應變，隨時創新的能力。

從易經解六祖壇經

劉君祖 著

目錄

推薦序／

了透無生、暢此生生

林安梧

老友君祖兄的大作「從《易經》解《六祖壇經》」要出版了。這是君祖兄諸多「從《易經》解」的作品。話就「從《易經》解」說起吧！

說了《易經》，說了《六祖壇經》！說了儒道，也解了佛禪。儒道本來不是佛禪，說著說著，佛禪有儒道，儒道有佛禪。好像幾家人，說三家人可，說兩家人也可，卻成了一家人。這一家子人，說長道短，說天道地，說古道今，說中說西，說天理道時勢，說個變易，卻也簡易，又還歸於不易。管他變易、簡易、不易，卻是歡喜，真是歡喜。

易者，簡易、變易、不易也。「變易」是現象，「不易」是本體，「簡易」卻是律動。這律動是「造化之微」，是「心念之幾」，落在天地間、著於人間場，便是「事變之勢」。易經者，參造化之微，審心念之幾，觀事變之勢也。

潮起潮落，日昇月降，萬有一切，就在這律動的形著過程中，上溯其源，我們說那是

「道」，下委其形，我們說那是「器」。「形而上者謂之道，形而下者謂之器」，道器不離，理氣不二。

生命就在律動中，現乃謂之象，斯為現象也。形乃謂之器，斯為萬物也。「生」是創造，「命」是限制，生命是在創造中限制，卻也在限制中創造。君祖兄的「從易經解」可真是生命哲學的雋品，在創造中限制，在限制中創造，讀來俐落清爽，卻又意韻悠長。

他從諸多人間事物，經籍掌故，調適而上遂於道，他真能莫若以明，照之以天。在道體的光照下，經由《易經》生生之理，落實看到了命限，在命限中看到了氣數之周至蜿蜒，卻也顯現了生生的莊嚴。

佛教本來為的是「苦業的解脫」，人生煩惱憂苦，因果輪迴，有了般若智慧，方得解脫。佛教早先總免不了這「苦業相」與「解脫相」，蓋解脫者，解脫此苦業也。他要用般若智慧破解一切，說「一切有為法，如夢幻泡影，如露亦如電，應作如是觀」。

儒家卻說的是「生生之成全」，陰陽造化，乾坤並建，人為天生地養，參贊化育。儒家不說業力輪迴，卻說繩繩繼繼，天長地久，自強不息，厚德載物。人生兩間，有煩惱憂苦，卻也有喜悅歡樂。雖有生老病死、成住壞空，卻又薪火相傳，明照天下。觀乎天文以察時變，觀乎人文以化成天下。

佛教東傳，白馬馱經，來了華夏，換了水土，這裡沒有種姓階級，不說苦業輪迴，這裡說的是「人皆可以為堯舜」，說的是「人之初，性本善」。這讓佛陀原先的「眾生皆有佛性」，人人皆可成佛，大大增了乾坤宇宙般的底氣，果真是天上天下，唯我獨尊。那苦業相不見了，由苦業相要去解脫的解脫相不見了。物無自性，這本不須再說，無人相、無我相、無眾生相、無壽者相，果也不再著相了。相解了，性空了，卻找到了真正的自性，佛性乃真自性也。自本心、自本性也。明心見性，見性成佛。

佛法不再糾纏業力果報，不再困結意識染污；禪宗卻敢呵佛罵祖，說要明心見性。原來要「時時勤拂拭，莫令惹塵埃」，如今卻「本來無一物，何處惹塵埃」，這自本心、自本性果真是圓滿，即寂即照，即照即寂。自此東土之佛教，華夏之禪宗，逐漸脫去了苦業相、解脫相，而顯示出佛性的圓滿相、福氣相、富貴相，這圓滿相、福氣相、富貴相，儘管有人把它弄得俗了。但總的來說，還是不俗的多，他所顯示的仍是圓滿相的莊嚴、福氣相的清淨、富貴相的尊崇。呵！呵呵！淨土不再只是彼岸的清淨，淨土可以是此岸的幸福。

佛法原來說的是鏡中花，水中月，夢幻泡影。儒家說的卻是山河大地，盛德大業，瓜瓞綿綿。蘇東坡「溪聲便是廣長舌，山色豈非清淨身」，這無非是禪機處處，這豈不是鳶飛魚躍、綠樹青山！儒門說「天與大文，山深川廣；人能內省，日就月將」，佛門唱「見了便做，做了便放下，了了有何不了；慧生於覺，覺生於自在，生生還是無生」。原來佛陀與先師仲尼，卻成了至交好友。

《易經》本為「生生」法，從「生生」看去，萬法皆生，仔細讀來，生意盎然，滿心歡喜。《六祖壇經》卻是「無生」法，從「無生」看去，了達諸法，如如自在，何罣礙之有！

嫻熟佛法的朋友，常說要用「無生法」包蘊「生生法」，甚至說要用「出世的精神」做「入世的志業」，蓋了透無生，所以暢此生生也。若果真深契《易經》，天人性命，相與和合，入於「存有的根源」，因之而「存有的開顯」，便可以有適當的「存有之執定」也。觀此生生，了透無生，更見生生也。

君祖兄，易經嫻熟、壇經了透，意到筆隨，觸處生機。造個景，說個事，自成了道理；拐個彎，取個徑，又有了契機。說個「田」可以化成「由」，可以轉成「甲」，又震雷成「申」，真乃「帝出乎震」，「道生一，一生二，二生三，三生萬物」也。隨著君祖兄文字，感其意味，體其意韻，明其意義。讀之、誦之，喜之、樂之，手之、舞之，足之、蹈之也。咀嚼涵泳，優游其間，一時難禁，心念既起，出個卦象，討個機宜，想起了副有趣對聯，聯曰「田由甲申出帝震，猴候侯起來經綸」，卜之於天，是為序！

辛丑年陽曆十一月二日謹序於台北元亨居宅

自序／自正性命

繼《從易經解心經》、《從易經解金剛經》之後，《從易經解六祖壇經》是我第三部以易解佛的嘗試之作。習易近半世紀，承師論友，深觀世事，品味人生，感悟殊多。涉獵佛經迄今仍是隨興之所至，讚嘆其高智與悲憫之情真，未入體制規範，順化隨緣，倒也自在。

《心經》述大乘法要，精簡凝鍊，循序開導。《金剛經》消重重業障，化甚深執著，晨鐘暮鼓，動人心神。無論佛說或觀音菩薩說，梵土高慧確實通透光明，世間譯本信達且雅。《壇經》為六祖惠能的弟子所編撰，為真正完足的中土佛經，與後世一些公案語錄或禪解等不同。我讀《壇經》，處處感受到華夏文明的獨特丰采，雖承述佛法宗旨不失，卻與梵土諸經有異。

佛經記述法會因由，從不言明何年何月何日，只說「一時」，似寓一切時間的永恆之義。《壇經》承續其意，許多法會或機緣只言「一日」或「時」，但〈護法品第九〉載明「神龍元年上元日」、「其年九月三日」，則天中宗下詔表揚獎諭六祖。〈付囑品第十〉詳記「師於太極元年壬子，延和七月，命門人往新州國恩寺建塔，仍令促工。次年夏末落成。七月一日，集徒眾曰：吾至八月，欲離世間。」又記：「大師七月八日，忽謂門人曰：吾欲歸新州。」「大師先天二年癸丑歲，八月初三日，於國恩寺齋罷，謂諸徒眾曰：汝等各依位坐，吾與汝別。」乃至六祖涅槃之後種種預言實現，明確的年月日都有記載。古印度歷史缺漏殊甚，中國史書浩如煙海，記載詳實，這是鮮明的民族性差異。

又〈行由品第一〉中，六祖自報家門：「惠能嚴父，本貫范陽，左降流於嶺南，作新州百姓。此身不幸，父又早亡，老母孤遺移來南海。艱辛貧乏，於市賣柴。」這是華人典型對出生長養之地重鄉戀土的情感，即便出家亦不忘懷，所以預知時日還要回新州落葉歸根，而赴黃梅禮拜五祖前，也受客銀十兩充老母衣糧以盡孝心。〈機緣品第七〉中所接引諸生，各個註明籍貫來處，這在印度佛典中都不會看到。民初熊十力先生出入儒佛，歸宗大易，著作每稱：「黃岡熊十力造。」一方水土一方人，同人卦欲通天下之志，〈大象傳〉稱：「君子以類族辨物。」觀卦〈大象傳〉則稱：「風行地上，先王以省方觀民設教。」

五祖初見六祖即問：「汝何方人，欲求何物？」又問：「汝是嶺南人，又是獦獠，若為堪作佛？」惠能回答：「人雖有南北，佛性本無南北。獦獠身與和尚不同，佛性有何差別？」五祖應該是當下便已印可，為了保護他，以及進一步試煉觀察，故意疏遠。佛性無南北，人性亦有同心同理處。孟子稱：「人人皆可為堯舜。」春秋太平世為「人人皆有士君子之行。」乾卦最高境界為「群龍無首」，〈文言傳〉推崇為「天下治也……乃見天則。」〈彖傳〉揭示落實理想的做法：「乾道變化，各正性命；保合太和，乃利貞。首出庶物，萬國咸寧。」

六祖大徹大悟時的感嘆：「何期自性本自清淨……本不生滅……本自具足……本無動搖……何期自性能生萬法？」五祖為之印證：「不識本心，學法無益。若識自本心，即名丈夫、天人師、佛。」拈出自性二字，就接通了華夏文明的血脈，自強不息，自天祐之，自昭明德，一切不假外求，反求諸己。

菩提達摩東來，禪宗法脈傳至六祖後，不再單傳衣缽，改為處處開花，這也是消弭同門紛爭的大智慧，由五祖到六祖的深心共識。孔子逝後，儒分為八；墨子過世，墨分為三。家人反目，兄弟鬩牆之事，為學從政惡例不勝枚舉，其根由安在？弘忍一切了然於心，周密部署，秘傳衣缽後只能催促惠能南逃，往後十餘年，清淨佛門不斷上演買兇追殺之事，《壇經》刻意描述，其意安在？我們在梵土佛經中看得到這種同門相殘之事嗎？中國的政治智慧早熟，無所不用其極的政爭亦酷烈，諸子百家思想皆以經世致用為主，而印度佛法所示幾乎全不措意於此。利之所在，弊亦隨之，這裡面可能很值得我們深思。

如今，佛家思想已融入中土，為不可或缺的三教之一，反而印度今日佛教衰微，除了遺跡外無足輕重。可說華夏文明的兼容並蓄，無論遭遇多少劫難與考驗，數千年古文明存續至今，而其他古文明盡皆名存實亡。這些也都耐人尋味，針對今日又復大爭之世的亂象，仁人君子，眾善知識，如何為天地立心，繼往開來，或宜虛懷深究，果毅實踐。

劉君祖於辛丑年疫情未消普世艱困之際

前言

《六祖壇經》如何得名，為什麼叫《壇經》呢？

如果照佛教的傳說，壇是實有其物，差不多在南北朝劉宋的時代就有人建了壇，壇上面有碑，碑上還有預言，說未來就有像惠能這樣的特殊人物，在這邊剃度出家受戒。到了梁武帝的時候，菩提達摩初祖一葦渡江來中土也有預言，說一百七十年後會有大菩薩，在壇旁邊的菩提樹下開始與人演說上乘的佛法，廣度眾生。果然全都應驗。

《壇經》是語錄體，像《論語》一樣，由弟子記錄編纂而成。共分十品。〈行由品第一〉，講述惠能由求法、得法以至講法的事蹟由來。孟子講「居仁由義」，依據仁的本心，走出義的正路。「由」字意義很深，田中作物自然順勢伸展，不能壓制也別揠苗助長。「甲」字為田中作物深入紮根，才會生長的好，有甲等的績效。由、甲二字相合，就是「申」字，往下紮根，往上生長。蠱卦推動改革，〈彖傳〉稱：「先甲三日，後甲三日，終則有始，天行也。」一定要下深入功夫撥亂反正，滌除舊習，才有嶄新的開始。豫卦第四爻：「由豫，大有得。」提出願景，激勵群眾全力以赴。頤卦上爻：「由頤，厲吉，利涉大川。」安養眾生，度過險難。巽卦為憂患九卦最後一卦，〈象傳〉稱：「隨風巽，君子以申命行事。」深入瞭解隱微的天命，參透之後能努力任事以彰顯真理。第五爻：「無初有終，先庚三日，後庚三日，吉。」獲得最後成功。

〈般若品第二〉，般若是佛教的妙智慧，惠能在法會上宣講佛法，認為一切智慧由自悟自性而生，不假外求。〈疑問品第三〉，惠能說法後，回答聽者的種種疑問，駁斥許多世俗錯誤的認識。〈定慧品第四〉，講定慧一體，定慧雙修。〈坐禪品第五〉，惠能主張自見本性，對境不亂，就是真正坐禪的境界。〈懺悔品第六〉，講授無相懺悔，不拘形式。〈機緣品第七〉，敘述惠能接引一些傑出學生的機遇與因緣。〈頓漸品第八〉，闡說禪宗頓悟與漸悟說的分歧，以及南北二宗間發生的相關事情。〈護法品第九〉，朝廷使者受命邀惠能進京接受供養，惠能當然婉辭，並對使者講說禪門宗旨。〈付囑品第十〉，惠能去世前為弟子說法，以及過世後的種種情景。《金剛經》說：「如來善護念諸菩薩，善付囑諸菩薩。」離卦〈大象傳〉：「大人以繼明照于四方。」薪盡火傳，繼往開來。

行由品第一

時大師至寶林，韶州韋刺史與官僚入山，請師出，於城中大梵寺講堂，為眾開緣說法。

師升座次，刺史官僚三十餘人，儒宗學士三十餘人，僧尼道俗一千餘人，同時作禮，願聞法要。大師告眾曰：「善知識！菩提自性，本來清淨。但用此心，直了成佛。」

許多佛經一開始多為：「如是我聞，一時，佛在舍衛國……。」《壇經》沒有，因為這不是佛講也不是阿難追記的。但仍以「時」字開篇，不講確切時間，有任何時皆適用的永恆義。惠能大師已經回到寶林寺，韶州韋刺史帶了一批隨從進山，請師出山，到城中大梵寺講堂，為大眾開示說法。大師上講壇坐定，刺史官僚三十餘人，儒士學者三十餘人，僧尼道俗一千餘人，加起來大概一千一了，這和佛經常講的「千二百五十人聚」規模差不多。這麼多人一起向大師行禮，希望能聽到大師講授佛法要義。大師告眾曰：「善知識！菩提自性，本來清淨。但用此心，直了成佛。」各位施主！眾生皆有菩提自性，本來清淨，只要保持此心不受汙染，便能直接了卻一切，成就佛道。復卦〈彖傳〉：「復其見天地之心乎！」內卦震為生命主宰，外卦坤為廣土眾民，象徵一切眾生的內在本心自性。我算《金剛經》的主旨為復卦初爻，正是開發自性。

六祖惠能最後修成的境界為不變的益卦，內卦震為自性，外卦風為教化，自覺覺人，利益眾生。〈彖傳〉稱：「君子以見善則遷，有過則改。」與惠能常勸人自己改過相合。神秀是漸卦第三爻動，爻辭：「鴻漸于陸。夫征不復，婦孕不育，凶。利禦寇。」〈小象傳〉：「失其道也。」修了一輩子，比他師弟差太多。南頓北漸，又剛好是漸卦。益、漸兩卦的上卦都是巽風，風化一方，可是內卦剛好相反，益為中心有主的震卦，一是尚存障礙的艮卦，有待化解消除。

善知識！且聽惠能行由得法事意。惠能嚴父，本貫范陽，左降流於嶺南，作新州百姓。此身不幸，父又早亡，老母孤遺移來南海。艱辛貧乏，於市賣柴。時有一客買柴，使令送至客店。客收去，惠能得錢，卻出門外，見一客誦經。惠能一聞經語，心即開悟。遂問：「客誦何經？」

客曰：「金剛經。」復問：「從何所來，持此經典？」客云：「我從蘄州黃梅縣東禪寺來，其寺是五祖忍大師在彼主化，門人一千有餘。我到彼中禮拜，聽受此經。大師常勸僧俗，但持《金剛經》，即自見性。直了成佛。」惠能聞說，宿昔有緣，乃蒙一客，取銀十兩與惠能，令充老母衣糧，教便往黃梅參禮五祖。惠能安置母畢，即便辭違。不經三十餘日，便至黃梅，禮拜五祖。

「善知識！且聽惠能行由得法事意。」各位施主！且聽惠能講說自己獲得佛法的經過由來吧！我的父親祖籍是河北范陽，因被貶官流放到嶺南，成了新州的百姓。我自己遭遇不幸，父親過世又早，留下年老的母親和我這孤兒，移居來南海地界。由於家境貧窮，生活艱苦，到市集上賣柴為生。

《論語．子路篇》記子曰：「南人有言曰：人而無恒，不可以做巫醫。善夫！不恒其德，或承其羞。」中國北方文化發達較早，不大瞧得起落後的南方。《孟子．滕文公篇》中痛罵許行：「南蠻鴃舌之人，非先王之道。」惠能祖籍在北方，生長與畢生成就都在南方。家貧需靠賣柴為生，吃苦耐勞，後來他去五祖那邊參拜，被安排先做了八個多月的粗活，劈柴舂米，絕無怨言。《論語．子罕篇》記子曰：「吾少也賤，故多能鄙事。」可就在賣柴的生計中，有了難得的機遇。

有一天一位客人買柴，要惠能將柴送往客店。客人收下柴後，惠能拿了錢，正要走出門外，聽見一位客人誦經。惠能一聽經中的話語，心中頓時開悟。妙不妙？人生這種機遇真是不可思議，兩位客人無意間啟發了一代祖師。後來惠能到五祖處，聽《金剛經》未完，也是很快大徹大悟。姤卦敘述人生的不期而遇，〈彖傳〉稱：「天地相遇，品物咸章也。剛遇中正，天下大行也。姤之時義大矣哉！」第五爻居統觀全域的君位，爻辭稱：「以杞包瓜，含章，有隕自天。」爻變成鼎卦，革故鼎新，開創了意想不到的機運。

惠能問道：「客人誦讀的是甚麼經典？」客人回答：「是《金剛經》。」惠能又問：「客人從哪裡請來這部經典？」客人回說：「我從蘄州黃梅縣東禪寺請來這部經，那是五祖弘忍大師住持的寺院，門人有一千多。我到那裡禮拜五祖，聽他宣講這部經典。大師常勸僧俗大眾，只要誦持《金剛經》，就能自見佛性，直接了悟成佛。」惠能聽說後，感覺這是前世種下的因緣。當時還承蒙一位客人，取白銀十兩相贈，讓惠能供養老母衣食，好讓他前往黃梅參拜五祖。惠能將母親安置妥當，便告別娘親，走了三十多天，到黃梅道場參拜五祖。我覺得這段原文的敘述很白話很美，充滿人世情懷。《壇經》為什麼人人愛讀，自有道理。以前錢穆先生開了一份中國文化必讀的書目，其中就有《六祖壇經》。

印度佛經沒有細膩的人間社會的鋪陳，沒有描寫其中各種情致，很快進入正題。《壇經》不是，大家去體會這裡面的差異，瞭解中國文明圈跟南亞次大陸印度文明圈有很多本質上的不同。惠能時是唐朝，中華文明已經發展到非常成熟，形成種種的制度、規範、風俗與生活方式，人際關係以及各種紛爭，相當錯綜複雜，皇宮大內乃至平民百姓甚至佛門也不例外。鬥爭之險惡，大家投入時的激昂亢奮，令人怵目驚心。印度的佛教經典中，很少看到菩薩或羅漢在那邊鬥來鬥去，同門之間搞派系、耍手段搬弄是非。他們好像真的不食人間煙火，印度的常民生活是不是這樣？當然未必，但從經典上看到的訊息是如此。這怎麼回事？這是中華民族的劣根性嗎？中國的經典非常重視這一點的提醒與矯正，希望提高大家的智慧胸襟，化解仇怨紛爭。謙卦為什麼卦爻全吉，圓善有終，我們要深入思考。《老子》不斷強調：「生而不有，為而不恃，長而不宰，功成而不居，功成身退，天之道。」「夫唯不爭，故天下莫能與之爭。」《金剛經》中的須菩提是離欲阿羅漢，他就叫「無諍」，人中最為第一。阿羅漢的境界就可以修到這樣，中國過去的王侯將相或各種才智之士，恐怕都不能免於爭嗔，這要很認真去探討。乾卦重主體的挺立，自強不息之後，坤卦就講厚德載物，然後乾坤合德才剛柔有體。乾卦的〈彖傳〉：「乾道變化，各正性命，保合太和，乃利貞。」按理中國文化薰陶出來的人，既自強不息，有個性的發揚跟挺立，又有群性的度量修為。《壇經》中記載為了爭奪祖師衣缽，佛門之中爭得那麼厲害，印度的佛經中很少看到。為什麼《壇經》要這麼詳細描寫，是不是也有深意呢？給了我們什麼啟示？《大學》裡面強調：「人之有技，若已有之；人之彥聖，其心好之。不啻若自其口出，實能容之。」是不是很值得深思？

《人物志》這部書，是北魏劉劭所作，一萬多字，十二卷，裡面很多都是《論語》、《孟子》、《大學》、《中庸》的中心思想，對組織、人才、人事有豐富的理論、細膩的觀察，也提出很多的建議與解決的辦法。這部書之所以會引起那麼多注意，大概也折射反映出中國社會的好鬥、好爭，人際關係特別難搞。第十二卷以〈釋爭〉名篇，可謂苦口婆心。這是我們下面要講佛門大鬥爭前，先要有的一個認識。《壇經》我不知道看了多少遍，每讀一遍，感受都很親切。我們在瞭解中國社會文化的方方面面，不能只是歌頌或盲目的崇拜，民族的劣根性也很多。

祖問曰：「汝何方人？欲求何物？」

惠能對曰：「弟子是嶺南新州百姓，遠來禮師，惟求作佛，不求餘物。」

祖言：「汝是嶺南人，又是獦獠，若為堪作佛？」

惠能曰：「人雖有南北，佛性本無南北。獦獠身與和尚不同，佛性有何差別？」

五祖更欲與語，且見徒眾總在左右，乃令隨眾作務。惠能曰：「惠能啟和尚，弟子自心常生智慧。不離自性，即是福田，未審和尚教作何務？」

祖云：「這獦獠根性大利，汝更勿言，著槽廠去。」惠能退至後院，有一行者差惠能破柴踏碓，經八月餘。

祖一日忽見惠能，曰：「吾思汝之見可用，恐有惡人害汝，遂不與汝言。汝知之否？」

惠能曰：「弟子亦知師意。不敢行至堂前，令人不覺。」

五祖問：「你從哪來的？想求什麼東西？」中國社會特別重視人的出生地，一方水土一方人，稟性各有不同。觀卦〈大象傳〉：「風行地上，先王以省方觀民設教。」佛教要求深入淺出，把最精深的道理，講到一般不認識字的常民都能懂。六祖就不認識字，但他自有佛性，認識字的搞不好佛性還蒙塵呢？不深入觀察民眾，怎麼設定教化方式呢？各方民族性不一樣，語言不一樣，要怎麼弘法？出生成長的地方，對於個性的塑造影響非常大，所以過去那麼重視省籍，用人都要看看他是哪地方人，有其道理。熊十力先生是湖北黃岡人，他的成名作《新唯識論》，包括後來很多書，都寫「黃岡熊十力造」。造是創造，他有原創立說的自信。乾卦第五爻〈小象傳〉：「飛龍在天，大人造也。」同人卦卦辭：「同人于野，亨。利涉大川，利君子貞。」〈彖傳〉：「唯君子為能通天下之志。」以佛教弘法來說，度一切眾生先得瞭解各類眾生。〈大象傳〉：「君子以類族辨物。」〈繫辭傳〉亦稱：「方以類聚，物以群分。」未濟卦〈大象傳〉：「君子以慎辨物居方。」事業或修行未成，跟沒審慎分辨各方人物有關。

惠能回答說：「弟子是嶺南新州的百姓，遠來拜見大師，只求成佛，不求別的東西。」看他們對答之間的機鋒，都是生命力渾厚的發揮。大師就是大師，絕對與一般人不同。只求作佛，連菩薩都不幹的，要求就求究竟大法，要做天地間第一等人。

五祖說道：「你是嶺南人，又是獦獠，怎麼能成佛呢？」獦獠就是南蠻，文化未開，成佛很難吧？

惠能回答：「人雖有南北，佛性本無南北的區別。獦獠雖然與和尚不同，佛性又有甚麼差別呢？」佛教講眾生皆有佛性，五祖當然知道，就是要試試他的見識。和尚是指五祖，在印度是非常尊重的稱呼，不是親傳師，不能叫和尚，只能叫法師。

這下可能五祖心裡就有數了，終於等到了！從達摩祖師東來，傳第五棒到他，他有責任要找接第六棒的，以保法脈不斷。眼前只有神秀跟那一幫混混，機緣未至不能強求。蒙卦卦辭：「匪我求童蒙，童蒙求我。」《禮記．曲禮》：「禮聞來學，不聞往教。」五祖還想繼續跟惠能談，因見身邊徒弟眾多，總是不離左右，便吩咐惠能跟隨眾人一起去做事。若多跟他聊聊會有什麼後果？不是害死他了嗎？旁邊那些人一看，這傢伙一來，老師特別喜歡他，這會威脅到神秀師兄，我們不能放過他。五祖深懂人情義理，馬上警覺不對，這絕不是聊的環境，愛之適足以害之。讓他先去做最低賤的學徒打雜之事，才能保護他。

惠能說：「稟告大師，弟子心中經常感覺到佛法的智慧。不離自身本有的佛性，就是耕耘福田。不知道大師要我做些什麼事務？」惠能當時畢竟還是年輕，沒想那麼多，還想再講講，多聽些大師的指教。福田是一耕耘的平台，修行致福都得從這個基礎開始。《易經》中好多田字，田獵居多，也有種田之意。乾卦第二爻：「見龍在田，利見大人。」師卦第五爻：「田有禽，利執言。」恒卦第四爻：「田無禽。」解卦第二爻：「田獲三狐。」巽卦第四爻：「田獲三品。」皆為狩獵之意。无妄卦第二爻：「不耕穫，不菑畬。」則講種田，不能急功近利。佛法不輕初學，不重久習，後生可畏，焉知來者之不如今？惠能充滿自信，期望五祖認證點撥。五祖說道：「這個獦獠根性太銳利，你不用再說了，到後院槽廠去吧！」五祖主意拿定，不再多說。惠能退到後院，五祖身邊一位侍者派他去劈柴、踏碓舂米，就這樣幹了八個多月。

五祖有一天忽然來看惠能，說道：「我想你的見解有理，但擔心會有壞人害你，所以不跟你多談。你明白我的用意嗎？」因為過了八個多月，這事可能造成的一些激盪大概都平復了。而且讓惠能作苦差，也可冷靜觀察一下他的修為。惠能說：「弟子心中也懂得大師的意思，所以平時不敢到堂前去，讓人不覺得我還在這兒。」他如果跨過門檻，馬上會成為眾矢之的。特殊出眾的人才，越容易遭平庸的人嫉妒。大畜卦是造就栽培承擔大任的人才，〈彖傳〉中稱「尚賢」、「養賢」。第二爻爻辭：「輿脫輹。」〈小象傳〉：「中無尤也。」爻變為賁卦，陶冶化成，亦有文飾之意。第三爻爻辭：「良馬逐，利艱貞。日閑輿衛，利有攸往。」〈小象傳〉：「上合志也。」爻變為損卦，故意壓抑磨練別太早出頭。上爻爻辭：「何天之衢，亨。」〈小象傳〉：「道大行也。」爻變為泰卦，畜極則通，擔當繼往開來的大任。大畜二、

三、上爻齊變，成復卦，生生不息，見天地之心。這正說明五祖苦心造就六祖的歷程。先設很多假相故意遏制，其實是保護佛種，免遭器量小的人破壞，耽誤了傳承大業。

祖一日，喚諸門人總來：「吾向汝說，世人生死事大。汝等終日只求福田，不求出離生死苦海，自性若迷，福何可救？汝等各去，自看智慧。取自本心般若之性，各作一偈，來呈吾看。若悟大意，付汝衣法，為第六代祖。火急速去，不得遲滯。思量即不中用，見性之人，言下須見。若如此者，輪刀上陣，亦得見之。」

五祖第二次見惠能，談過之後，他心中自有計較，繼續佈局。安排考試鑒定學力，要服眾心得給機會，不能太主觀，直接就指定接班人。由傳衣缽之後那麼凶險的發展可知，不這樣反彈風波會更激烈。有一天，五祖通知門徒全部集合，宣布道：「我對你們說，人生在世，超脫生死是件大事。你們每天只知祈求福報，不求脫離生死苦海，若是迷失了自性，福報怎麼也救不了。你們下去後，各自體會佛性的智慧，根據自己心中所體悟的佛性，各作一首偈頌，呈上來給我看。若是誰能徹悟佛法要旨，便將衣缽及大法傳付給他，成為第六代祖師。你們趕快去作，別再耽誤時間。勞神苦思沒用，真正明心見性的人，不假思量當下就可見到。這種人即便在揮刀上陣之際，也能頓悟佛法，成就佛道。」

眾得處分，退而遞相謂曰：「我等眾人，不須澄心用意作偈，將呈和尚，有何所益？神秀上座，現為教授師，必是他得。我輩謾作偈頌，枉用心力。」諸人聞語，總皆息心。咸言我等以後，依止秀師，何煩作偈？

處分就是吩咐。眾人聽了五祖的吩咐後，退下去相互議論說：「我們大家不必專心靜下來去寫偈頌，呈給祖師了！寫了又有甚麼好處呢？神秀大師兄現在是我們的教授師，衣缽一定是他得。我們何必白費心思作偈頌呢？」聽到這番話，大家都打消了作偈的心思。都覺得以後依從神秀師兄就好，何必勞煩作偈？妙哉！眾人如此懶惰依賴，自性早已迷失，這還是當時中國禪宗的精英呢？在這關鍵時候，弘忍大師可真能忍，慢慢安排，點滴在心。

神秀思惟：諸人不呈偈者，為我與他為教授師。我須作偈將呈和尚。若不呈偈，和尚如何知我心中見解深淺？我呈偈意，求法即善，覓祖即惡，卻同凡心，奪其聖位奚別？

若不呈偈，終不得法。大難，大難！

五祖堂前，有步廊三間，擬請供奉盧珍畫《楞伽經》變相，及五祖血脈圖，流傳供養。

神秀作偈成已，數度欲呈，行至堂前。心中恍惚，遍身汗流，擬呈不得。前後經四日，一十三度呈偈不得。

秀乃思惟，不如向廊下書著，從他和尚看見。忽若道好，即出禮拜，云是秀作。若道不堪，枉向山中數年，受人禮拜，更修何道！

是夜三更，不使人知，自執燈書偈南壁間，呈心所見。

偈曰：身是菩提樹，心如明鏡台，時時勤拂拭，勿使惹塵埃。

秀書偈了，便欲歸房，人總不知。秀復思惟，五祖明日，見偈歡喜，即我與法有緣。

若言不堪，自是我迷，宿業障重，不合得法。聖意難測，房中思想，坐臥不安，直至五更。

「神秀思惟：諸人不呈偈者，為我與他為教授師。我須作偈將呈和尚。若不呈偈，和尚如何知我心中見解深淺？我呈偈意，求法即善，覓祖即惡。卻同凡心，奪其聖位奚別？若不呈偈，終不得法。大難！大難！」一往下都是神秀的內心戲，他想大家之所以不作偈頌，是因為我是他們的教授師。我應當作偈呈給大師。如果不作，大師怎麼知道我心中見解的深淺？如果呈偈意在印證求法很好，若是想謀取第六祖的地位，不是很可鄙嗎？那跟佛門以外在家眾的權力鬥爭有什麼差別？可是如果不呈偈頌，永遠也得不到佛法的印證，這真是太難太難了！

「五祖堂前，有步廊三間，擬請供奉盧珍畫《楞伽經》變相，及五祖血脈圖，流傳供養。」五祖大師的堂前，有三間走廊，擬請畫師盧珍在牆壁上繪製佛祖講授《楞伽經》的故事畫像，以及從初祖達摩到五祖弘忍的法脈授受圖像，以便流傳後世，供人瞻仰。「神秀作偈成已，數度欲呈。行至堂前，心中恍惚，遍身汗流，擬呈不得。前後經四日，一十三度呈偈不得。」神秀很快就完成了，才二十個字，好幾次想交稿，心神恍惚不安，汗流滿面，前後四天，走了十三次，最後還是沒有上呈。我覺得編寫《壇經》的人真夠損的，有為師父惠能出氣糟蹋神秀的意思。其實他也沒見到，誰能作證呢？描寫得如此不堪。

「秀乃思維，不如向廊下書著，從他和尚看見。忽若道好，即出禮拜，云是秀作。若道不堪，枉向山中數年，受人禮拜，更修何道！」神秀又想，不如不要直接交，將偈頌寫在牆壁上，然後趕快跑掉藏起來，讓師父自己看見。如果寫的不好，也不會當面難看。佛門求道的地方這麼俗！師父如果說好，我就出來禮拜，承認是我所作。如果師父說寫得很差，就算我在山中幾年都白修了，人家還尊重我是大師兄，我還能往下混嗎？

「是夜三更，不使人知，自執燈書偈於南廊壁間，呈心所見。偈曰：身是菩提樹，心如明鏡台，時時勤拂拭，勿使惹塵埃。」這天半夜三更，神秀不讓別人知道，自己手執燈火，將偈頌寫在南邊走廊的牆壁上，表達自己對佛性的理解。這首偈太有名了！人身就像一株象徵智慧的菩提樹，人心如同一面晶瑩剔透的明鏡台。應該經常勤勞去擦拭，不要讓它染上了世俗的塵埃。「秀書偈了，便欲歸房，人總不知。秀復思維，五祖明日見偈歡喜，即我與法有緣。」神秀書寫完畢後，便回到寢室，旁人都不知道這事。神秀又想，師父明天看到偈頌後內心歡喜，就算我與佛法有緣。「若言不堪，自是我迷，宿業障重，不合得法。聖意難測，房中思想，坐臥不安，直至五更。」若是說寫得不好，就是我仍迷惑未悟，過去造的業障太重，不配得證佛法。神秀在室中思來想去，坐臥不安，覺得師父的心意難以預測，直到五更時分還在折騰。

祖已知神秀入門未得，不見自性。天明，祖喚盧供奉來，向南廊壁間繪畫圖相，忽見其偈。報言：「供奉卻不用畫，勞爾遠來，經云『凡所有相，皆是虛妄』。但留此偈，與人誦持。依此偈修，免墮惡道。依此偈修，有大利益。」令門人炷香禮敬，盡誦此偈，即得見性。門人誦偈，皆嘆善哉！

祖三更喚秀入堂，問曰：「偈是汝作否？」

秀言：「實是秀作。不敢妄求祖位，望和尚慈悲，看弟子有少智慧否？」

祖曰：「汝作此偈，未見本性。只到門外，未入門內。如此見解覓無上菩提，了不可得。無上菩提，須得言下識自本心，見自本性。不生不滅，於一切時中，念念自見。萬法無滯，一真一切真，萬境自如如。如如之心，即是真實。若如是見，即是無上菩提之自性也。汝偈若入得門，付汝衣法。」

神秀作禮而出。又經數日，作偈不成。心中恍惚，神思不安，猶如夢中，行坐不樂。

五祖早已知道神秀並未入門得道，沒有體悟自性。第二天天亮，五祖召喚盧珍畫師來走廊南壁繪畫圖像，忽然看到牆上的偈頌。他告訴畫師：「供奉不用再畫了！有勞你遠道而來，《金剛經》上說：『凡所有相皆是虛妄。』且留下這首偈詩，讓人學習誦讀，依此修行，可以免墮地獄、餓鬼、畜牲三惡道。依此修行，會大大受益。」把畫師打發後，五祖又命門徒焚香敬禮，都誦讀這首偈詩，說是能各見自性。眾門徒誦讀後，都讚歎善哉！五祖根本就知道神秀沒見性，為什麼要這樣搞？心思轉的真快，一剎那就曉得下面該怎麼做了。弘忍大師真夠厲害，妖魔鬼怪全部現形，學生跟老師鬥智差太遠了，看被耍的？

第二天三更時分，五祖召喚神秀入堂，問道：「那首偈是你作的嗎？」神秀回答：「確是我所作，但我並不敢妄想求得祖師地位。只希望大師慈悲，看弟子有沒有一點佛性的智慧。」五祖說：「你作這首偈，尚未見到本性，只到門外，未入門內。依照這樣的見解去尋求佛法中的無上智慧，完全不可能得到。」不假辭色，直截了當告訴結果。「無上菩提，須得言下識自本心，見自本性。不生不滅，於一切時中，念念自見。萬法無滯，一真一切真，萬境自如如。」佛法中的無上智慧，應該是當下就可見到自己本心，體悟到自身本具的佛性。佛性不生不滅，在任何時候，念念之間無不顯現，體現為萬事萬物而無滯無礙，佛性真則一切真，各種境界都是佛性的展現。「如如之心，即是真實。若如是見，即是無上菩提之自性也。」體會真如之心，就是見到佛性的真實。若有這種見識，就是佛門無上智慧的自性了。「汝且去一兩日思維，更作一偈，將來吾看。汝偈若入得門，付汝衣法。」你回去再好好思考一兩天，重作一首更好的偈來給我看。若能入門，我就傳衣授法給你。

神秀向五祖敬禮而出，又過了幾天，還是沒有寫成一首新偈。他心中恍惚不定，精神思慮不安，好像在夢中一般，行走坐臥都悶悶不樂。

五祖很讓人佩服。這些大師都預知時至，曉得什麼時候要離開塵世，還有多少時間做好安排。五祖過世前四年才見到惠能，如果沒有呢？是不是衣缽就要委屈交給神秀，還是就不交了，關門大吉？交了要有安排，得想得很遠，保護所有人。這就是大師，不能莽撞行事。

我們透過這些去瞭解五祖，他的智慧與慈悲，都值得學習，非常實用。死前把什麼事情都安排好了，沒有傷害。眼光至少預測到以後幾十年的事情，世間良相佐國的智慧也不過如此。他深刻瞭解中國社會，也深刻瞭解佛法，才能夠在歷史的這個時間點，讓禪宗法脈發揚光大，永續不絕。

復兩日，有一童子於碓坊過，唱誦其偈。惠能一聞，便知此偈未見本性。雖未蒙教授，早識大意，遂問童子曰：「誦者何偈？」

童子曰：「爾這獦獠不知，大師言：世人生死事大，欲得傳付衣法。令門人作偈來看，若悟大意，即付衣法，為第六祖。神秀上座於南廊壁上書無相偈。大師令人皆誦，依此偈修，免墮惡道，依此偈修，有大利益。」

惠能曰：「我亦要誦此，結來生緣。上人，我此踏碓八個餘月，未曾行到堂前，望上人引至偈前禮拜。」

童子引至偈前禮拜。惠能曰：「惠能不識字，請上人為讀。」

時有江州別駕，姓張名日用，便高聲讀。惠聞已，遂言：「亦有一偈，望別駕為書。」

別駕言：「汝亦作偈？其事稀有。」

惠能向別駕言：「欲學無上菩提，不可輕於初學。下下人有上上智，上上人有沒意智。若輕人，即有無量無邊罪。」

別駕言：「汝但誦偈，吾為汝書。汝若得法，先須度吾，勿忘此言。」

惠能偈曰：「菩提本無樹，明鏡亦非台。本來無一物，何處惹塵埃？」

書此偈已，徒眾總驚，無不嗟訝。各相謂言：「奇哉！不得以貌取人，何得多時使他肉身菩薩？」

祖見眾人驚怪，恐人損害，遂將鞋擦掉了偈，曰：「亦未見性。」眾以為然。

文辭不難，且耐心看人家怎麼處理問題。兩祖有八個多月沒見面，中間已經心心相印，五祖一定有一番設想，然後一步一步出招。「復兩日，有一童子於碓坊過，唱誦其偈。」又過兩天，有個小和尚從碓房經過，口中唱頌著神秀的偈詩。惠能一聽，便知道這首偈未見佛性真諦，他雖未蒙五祖教導傳授，卻早已領悟佛法大旨。就問小和尚說：「你唱誦的是甚麼偈？」小和尚回答：「你這個獦獠不曉得，五祖大師說：人生在世，脫離生死苦海是大事，想傳付衣法，令門徒各作偈詩來看。誰若能領悟佛法大意，就傳付衣法，選定為禪宗第六祖。神秀上座在走廊南邊牆壁上寫了首無相偈，大師令人都要誦讀，說依照此偈修行，可以不墮入三惡道，依照此偈修行，會有很大益處。」《金剛經》稱：「凡所有相皆是虛妄」，「應無所住而生其心」，聽起來很高，實則神秀這首無相偈正是著相。這就是弘忍高明的地方，儘量保護所有人不受傷害。有人智慧高，有人智慧低，當然要保護智慧高的傳人，智慧低的也應悲憫，不讓他們糊塗造業。對神秀說這偈沒入門，一語道破，仍勉勵繼續參研，實在做不到那沒辦法。大師又令人公開傳誦，先穩住他的地位。他如果當下公開就說不行，神秀是下面這些人推出來的代表，被祖師爺這麼直接批判，以他們那種趨炎附勢，又沒有任何判斷力的徒眾，說不定馬上就拋棄神秀，另外擁護一個魔秀出來。再不然看師父中意誰，去跟他套套交情。

惠能說：「我也要誦讀這首偈詩，結來生修行佛法的緣分。上人，我在這裡踏碓舂米已有八個多月，從沒到過五祖堂前，請上人帶我到偈詩前禮拜。」時候到了！還不出頭，就太沒默契了。小和尚領惠能到偈前禮拜。惠能說道：「惠能不認識字，請上人讀給我聽。」當時在場的有位江州別駕，姓張名日用，便高聲朗讀。惠能聽後，說道：「我也有一首偈，請別駕您替我書寫出來。」別駕說道：「你也要寫偈詩？這事真稀罕啊！」

惠能向別駕說：「欲學無上菩提，不可輕於初學。下下人有上上智，上上人有沒意智。若輕人，即有無量無邊罪。」這段話講的氣勢十足。眾生都有根本智，只是開發的遲速和機緣而已。上上人一路鬥爭上來，早就迷失沉淪，修行上並無寸進，就學了些鬥爭的伎倆，以保障既有地位，反而沒了智慧。下下人大有發展空間，想力爭上游，沒受什麼污染，所以有上上智。

別駕說：「你只管將所作的偈詩念出來，我為你寫就是了。你若是獲得佛法，首先要度我脫離苦海，別忘了今天的話。」立刻示好押寶，得拉拔我一點，才舉手之勞就講條件？編寫《壇經》的人真是處處用心，讓我們看到原來人是這麼活著，心中充滿計較，絕對是「有所住而行於布施」，都想要有不錯的回報。惠能的偈詩：「菩提本無樹，明境亦非台，本來無一物，何處惹塵埃？」人身本非菩提樹，人心也不是明鏡台。身心根本都是假有，又怎麼沾染塵埃？自尋煩惱，作繭自縛，很多事情無論小大，我們做的都是這種笨事。張別駕寫完這首偈，在場僧眾都非常驚奇，無不訝異嗟嘆，各相感慨說：「真是稀奇啊！不能以貌取人，他來的時間並不長，怎麼使他成了肉身菩薩呢？」這些人一概盲從，人云亦云，見風轉舵。五祖看到大家驚怪不已，恐怕有人嫉恨傷害，便用鞋子將偈詩擦掉，說也未見到佛性。大家以為真的是如此。

次日，祖潛至碓坊，見能腰石舂米，語曰：「求道之人，為法忘軀，當如是乎！」

乃問曰：「米熟也未？」

惠能曰：「米熟久矣，猶欠篩在。」

祖以杖擊碓三下而去。惠能即會祖意，三鼓入室。祖以袈裟遮圍，不令人見，為說《金剛經》。至「應無所住而生其心」，惠能言下大悟：一切萬法不離自性。遂啟祖言：「何期自性本自清淨？何期自性本不生滅？何期自性本自具足？何期自性本無動搖？何期自性能生萬法？」

祖知悟本性，謂惠能曰：「不識本心，學法無益。若識自本心，即名丈夫、天人師、佛。」

三更受法，人盡不知，便傳頓教及衣缽，云：「汝為第六代祖，善自護念，廣度有情，流布將來，無令斷絕。聽吾偈曰：有情來下種，因地果還生，無情亦無種，無性亦無生。」

我們再看五祖怎麼保護佛種。第二天，五祖悄悄來到舂米的碓坊，看見惠能腰間繫了塊石頭，正腳踏碓板在舂米，便說道：「求道之人，為了佛法而忘了自身的辛勞，不正當如此嗎！」又問道：「米舂熟了沒有？」又是禪宗的機鋒，不是在舂米嗎？當下就舉比喻，問他成熟了沒有啊？惠能回答：「米已經舂熟很久了，只是還欠篩選。」五祖以手杖敲擊石碓三下就走了。惠能當即懂得了五祖的意思，當晚三更時分來到五祖住室。五祖以袈裟遮住門窗，不讓外人看見，為惠能講說《金剛經》，到「應無所住而生其心」一句時，惠能當即大徹大悟，體會到一切萬法都離不開自性。於是啟稟五祖道：「何期自性本自清淨？何期自性本不生滅？何期自性本自具足？何期自性本無動搖？何期自性能生萬法？」這五句泉湧而出，全似蒙卦〈大象傳〉所稱：「山下出泉，君子以果行育德。」又似井卦第五爻：「井冽，寒泉食。」啊！真沒想到本有的佛性是清淨無染的！真沒想到本有的佛性是不生不滅的！真沒想到本有的佛性是圓滿具足的！真沒想到本有的佛性是永不動搖的！真沒想到本有的佛性能夠化生萬物！

五祖知道惠能已經體悟到佛性了，對他說道：「不能認識自身本有的佛性，學習佛法是沒有益處的。若是認識了自己的本心，發現了自身的佛性，就是佛門所稱的丈夫、天人師，也就是佛了。」惠能三更時得到五祖傳法，別人都不知道。當時，五祖便傳頓教法門，並授了衣缽，稱道：你成為第六代祖師，要好好護持這頓教法門，永誌不忘。廣度有情眾生超脫苦海，使禪法流傳未來，勿使斷絕失傳。且聽我的偈詩：「有情來下種，因地果還生。無情亦無種，無性亦無生。」有情眾生心中本自具有靈明佛性，播下成佛的種子，自己勤奮修行，一旦機緣成熟就可開花結果，成就佛道。其實沒有情也沒有種，沒有佛性也沒有生成佛果。從體上講，不著有，從用上講，不著空，空有兩不執著。前面是即相，是有為；後面是離相，不著相，是無為，不取於相，如如不動。無情亦無種，無性亦無生，才能無住。有情來下種，因地果還生，才能無所住而生其心，才能不執著照樣行於布施。

神秀的那一首當然著相，勤苦修行，時時勤拂拭，勿使惹塵埃。一般從規格上可以了，當然不究竟。惠能佔了便宜，針對他的不究竟再寫一偈，本來無一物，何處惹塵埃？如果沒有神秀的偈，惠能偈不能這麼寫的，這等於站在人家肩膀上，人家出的差錯上翻案，很容易成功。兩人如果同時各寫一偈，惠能的偈就不能無的放矢了。

所以最後到老師寫偈的時候，就得更圓融，把所有這些東西都寫進去。這正是《壇經》奉《金剛經》為最重要的心法，佛說什麼，即非什麼，是名什麼，不著有也不著空。神秀說菩提樹、明鏡台；惠能說即非菩提樹、明鏡台；弘忍的偈再說是名菩提樹、明鏡台。

《論語．公冶長篇》記子曰：「盍各言爾志？」子路曰：「願車馬衣輕裘與朋友共，敝之而無憾。」這就著相，似神秀。顏淵曰：「願無伐善，無施勞。」不著相，似惠能。子路曰：「願聞子之志。」子曰：「老者安之，朋友信之，少者懷之。」似弘忍作結。

祖復曰：「昔達摩大師，初來此土，人未之信，故傳此衣，以為信體，代代相承。法則以心傳心，皆令自悟自解。自古佛佛惟傳本體，師師密付本心。衣為爭端，止汝勿傳，若傳此衣，命如懸絲。汝須速去，恐人害汝。」

惠能啟曰：「向甚處去？」

祖云：「逢懷則止，遇會則藏。」

惠能三更領得衣缽，云：「能本是南中人，素不知此山路，如何出得江口？」

五祖言：「汝不須憂，吾自送汝。」

祖相送直至九江驛。祖令上船，五祖把艪自搖。惠能言：「請和尚坐，弟子合搖艪。」

祖云：「合是吾渡汝。」

惠能曰：「迷時師度，悟了自度。度名雖一，用處不同。惠能生在邊方，語音不正，蒙師傳法，今已得悟，只合自性自度。」

祖云：「如是，如是！以後佛法，由汝大行。汝去三年，吾方逝世。汝今好去，努力向南。不宜速說，佛法難起。」

祖復曰：「昔達摩大師，初來此土，人未之信，故傳此衣，以為信體，代代相承。法則以心傳心，皆令自悟自解。」五祖又說道：「從前達摩大師初來中國，人們尚未能相信，因此傳下這件袈裟作為信物，一代一代傳下來。佛法授受是以心傳心，使後繼者自己體悟與領會。「自古佛佛惟傳本體，師師密付本心。衣為爭端，止汝勿傳，若傳此衣，命如懸絲。汝須速去，恐人害汝。」自古諸佛相承，只傳法身的本體，歷代祖師繼任，只密傳對於佛性的解悟。袈裟是容易引起紛爭的根由，傳到你便停止，不要再往下傳。若再傳生命就極端危險。你現在必須趕快離開此地，恐怕有人會加害於你。惠能問道：「我向何處去呢？」五祖說：「逢懷則止，遇會則藏。」碰到地名有懷字的就停下來，碰到有會字的就藏起來。這真是匪夷所思！天下那麼大，一個小縣的地名他怎麼知道，真是「如來悉知悉見」嗎？戴笠死在岱山，鳳雛先生龐統死在落鳳坡，因為地名犯沖。惠能三更時領得衣鉢，問道：「惠能本是南方人，一向不認得這裡的山路，如何才能走出山到江邊渡口？」五祖說：「你不必憂愁，我親自來送你。」五祖將惠能送到九江對岸的驛站，令惠能上船，親自搖動船櫓。快八十歲的人了，還幫弟子擺渡。惠能說：「請師父坐著，應該由弟子來搖櫓。」五祖說：「應該是我渡你到彼岸。」惠能說：「迷時師度，悟了自度。」迷惑的時候師父領過門確實需要，悟了之後，師父也不能度了，修行在個人，就得自度。「度名雖一，用處不同。惠能生在邊方，語音不正，蒙師傳法，今已得悟，只合自性自度。」雖然同樣稱度，但是用處不同。惠能生長在南方邊遠之地，語音與內地不同。承蒙師父傳授佛法，如今已經開悟，應當自己體悟佛性，自己度自己到彼岸。五祖說：「如是，如是，以後佛法，由汝大行。汝去三年，吾方逝世。」佛門大德多能預知時至，垂暮之人面臨傳法這樣的大事，那麼穩、準、狠，沒有出一點岔子，任何人想破壞都破壞不了。用辭又精簡，那麼短的時間辦了那麼多的大事，設想周到無比。「汝今好去，努力向南。不宜速說，佛法難起。」你如今好好前去，儘量朝南方走。不要急於出來宣講佛法，因為佛法的興盛需經一段艱苦磨難的歷程。

惠能辭違祖已，發足南行。兩月中間，至大庾嶺。逐後數百人來，欲奪衣缽。一僧俗姓陳，名惠明，先是四品將軍，性行粗糙，極意參尋。為眾人先，趁及惠能。惠能擲下衣缽於石上，曰：「此衣表信，可力爭耶？」能隱草莽中。惠明至，提掇不動。乃喚云：「行者、行者，我為法來，不為衣來。」惠能遂出，盤坐石上。惠明作禮云：「望行者為我說法。」惠能云：「汝既為法而來，可屏息諸緣，勿生一念，吾為汝說。」明良久，惠能云：「不思善，不思惡，正與麼時，哪個是明上座本來面目？」

惠明言下大悟，復問云：「上來密語密意外，還更有密意否？」

惠能云：「與汝說者，即非密也。汝若返照，密在汝邊。」

明曰：「惠明雖在黃梅，實未省自己面目。今蒙指示，如人飲水，冷暖自知。今行者即惠明師也。」

惠能曰：「汝若如是，吾與汝同師黃梅，善自護持。」

明又問：「惠明今後向甚處去？」

惠能曰：「逢袁則止，遇蒙則居。」

明禮辭。

「惠能辭違祖已，發足南行。兩月中間，至大庾嶺。」大庾嶺在江西跟廣東交界，是五嶺之一，那時候是交通要道。「逐後數百人來，欲奪衣缽。一僧俗姓陳，名惠明，先是四品將軍，性行粗糙，極意參尋。」在惠能身後有數百人追逐，想要奪回衣缽。其中一個僧人俗姓陳，名叫惠明，從前有四品將軍的封號，性情行為粗率暴躁，卻全心全意參尋佛法。「為眾人先，趁及惠能。」他跑在眾人的前面，追趕上了惠能。惠能將衣缽丟在一塊石頭上，說：「袈裟是佛法傳承的信物，怎麼可以用暴力搶奪呢？」惠能隱藏在深草叢中。惠明趕到後，雙手怎麼也拿不起那件袈裟。他便呼喊道：「行者、行者，我是為尋求佛法而來，不是為了搶奪衣缽而來。」我還占了一卦，問為什麼他拿不動衣鉢？豐卦初爻動，爻辭：「遇其配主，雖旬無咎，往有尚。」卦辭：「王假之，尚大也。」爻變為小過卦，卦辭：「可小事，不可大事。」他希望擁有衣鉢，必須遇其配主，不然承擔不起，肯定拿不動。神聖法器，有德者居之。

「惠能遂出，盤坐石上。」惠能於是從藏身處走出來，盤腿坐在石頭上。惠明向惠能行禮，然後說：「希望行者為我講說佛法。」惠能說：「你既是為了求法而來，便要屏除一切世俗思慮，專心一意，不要生起任何雜念，我來為你講說佛法。」惠明靜坐好久，惠能於是說道：「心中既不思善，也不思惡，正當這時候，哪個是你惠明上座的本來面目？」惠明聽到這番話，當下大徹大悟。於是又問道：「除了上面所傳的密語密意之外，還有其他深密的妙旨嗎？」惠能回說：「可以向你說出來的，就算不得深密了。你若是能凝神靜慮觀照自性，深密精妙的意旨就在你身邊。」惠明又說道：「惠明雖在黃梅，實未省自己面目。今蒙指示，如人飲水，冷暖自知。今行者即惠明師也。」他跟那一幫人都差不多，雖然在天下佛學重鎮的黃梅，並沒有真認識到本來面目。今天承蒙指示，我的感受真是如人飲水，冷暖自知。如今行者你就是我的師父了！惠能說：「你若是這麼想，就讓我與你共同遵奉五祖為師，好好護持佛法吧！」惠明又問：「我今後要到哪裡去弘法呢？」惠能說：「逢袁則止，遇蒙則居。」碰到地名有袁字的就停下來，碰到有蒙字的就居留，後來也全應驗。五祖跟惠能說：「逢懷則止，遇會則藏。」真是現學現賣，一脈相承。惠明行禮後，便離去了。

惠能後至曹溪，又被惡人尋逐，乃於四會，避難獵人隊中，凡經一十五載。時與獵人隨宜說法。獵人常令守網，每見生命，盡放之。每至飯時，以菜寄煮肉鍋。或問，則對曰：「但吃肉邊菜。」

一日思惟：時當弘法，不可終遯。遂出，至廣州法性寺。值印宗法師講《涅槃經》。時有風吹旛動，一僧曰風動，一僧曰旛動，議論不已。惠能進曰：「不是風動，不是旛動，仁者心動。」一眾駭然。

印宗延至上席，徵詰奧義。見惠能言簡理當，不由文字。宗云：「行者定非常人。久聞黃梅衣法南來，莫是行者否？」

惠能曰：「不敢。」

宗於是作禮，告請傳來衣缽，出示大眾。

惠能後來到了曹溪，又被惡人追尋迫害，於是又到四會縣，在獵人隊中避難，前後共計十五年的歲月。這期間經常利用機會向獵人們講說佛法。四會不是「遇會則藏」嗎？獵人常派他看守捕捉鳥獸的網羅，惠能發現有活的動物，便將牠們都放生。每當做飯時，便將蔬菜放在獵人的肉鍋旁邊煮。有人問，他就說：「我只吃肉邊菜。」

有一天惠能想，應當是弘揚佛法的時候了，不能一直隱藏下去，於是出山到廣州城內的法性寺，正遇上印宗法師講授《涅槃經》。當時一陣風吹來，寺院中的幡帶迎風飄動，一個僧人說是風在吹動，一個僧人說是幡帶在飄動，雙方爭辯不已。惠能進前說：「不是風吹動，也不是幡帶飄動，是你們的心思在動。」大家聽到後都十分驚訝。法性寺這些寺眾耳濡目染，程度也不會低。印宗法師請惠能到上席坐下，向他請教佛經中的深奧意旨，見惠能言詞簡潔明瞭，說理精妙允當，不拘泥於經中文字。印宗問：「行者一定不是個平常人物，很久就傳聞說黃梅五祖的衣缽已經傳到南方來了，莫非就是行者你嗎？」惠能回答：「不敢當。」印宗法師得知，再次敬禮，請惠能出示所繼承的衣缽讓大眾瞻仰。

宗復問曰：「黃梅付囑，如何指授？」

惠能曰：「指授即無，惟論見性。不論禪定、解脫。」

宗曰：「何不論禪定、解脫？」

惠能曰：「為是二法，不是佛法，佛法是不二之法。」

宗又問：「如何是佛法不二之法？」

惠能曰：「法師講《涅槃經》，明佛性是佛法不二之法。如高貴德王菩薩白佛言：犯四重禁、作五逆罪、及一闡提等，當斷善根佛性否？佛言：善根有二，一者常，二者無常。佛性非常非無常，是故不斷，名為不二。一者善，二者不善。佛性非善非不善，是名不二。蘊之與界，凡夫見二。智者了達，其性無二。無二之性，即是佛性。」

印宗聞說，歡喜合掌。言某甲講經，猶如瓦礫，仁者論義，猶如真金。

印宗又問：「黃梅五祖將衣缽交付時，怎樣指點密授佛法？」惠能回答：「五祖並沒有特別指點傳授甚麼密法，只談論體悟自身佛性，沒有談到禪定、解脫的具體法門。」印宗問：「為什麼不談禪定與解脫的方法呢？」看來印宗這裡，平常大概也都在談禪定解脫，有很嚴格的修行法門，認為那很重要。惠能回答：「因為這是二法，不是佛法。佛法是不二之法。」印宗又問：「甚麼是佛法的不二之法？」惠能說：「法師你講《涅槃經》，應當明白佛性就是佛法不二之法。像高貴德王菩薩問佛祖：那些違犯四重禁，造作五逆罪，以及不信佛法的一闡提等，他們是否斷絕了善根與佛性呢？」「佛言：善根有二，一者常。二者無常。佛性非常非無常，是故不斷，名為不二。」佛祖回答說：善根有兩種形態，一是永恆常住的，二是遷流無常的。佛性沒有常與無常的區別，所以佛性是不能斷絕的，名叫不二法門。「一者善，二者不善。佛性非善非不善，是名不二。蘊之與界，凡夫見二。智者了達，其性無二。無二之性，即是佛性。」人們的言行表現有兩類，一種是善，一種不善。佛性沒有善與不善的區別，所以叫作不二法門。所謂五蘊與十八界，世俗凡夫認為是兩件事，只有智者知道它們相通，性質並無二致。而這種並無二致的本性，就是佛性。

《大般涅槃經》卷二一記釋迦牟尼論曰：「如來涅槃非有非無，非有為非無為，非有漏非無漏，非色非不色，非名非不名，非相非不相，非有非不有，非物非不物，非因非果，非待非不待，非明非暗，非出非不出，非常非不常，非斷非不斷，非始非終，非過去非未來非現在，非陰非不陰，非入非不入，非界非不界，非十二因緣非不十二因緣，如是等法甚深微密。」卷二一至二六為〈光明遍照高貴德王菩薩品〉，其中的卷二二記高貴德王菩薩問佛祖道：「世尊！若犯重禁、謗方等經，作五逆罪、一闡提等有佛性者，是等云何復墮地獄？若使是等有佛性者，云何復言無常樂我淨？世尊！若斷善根名一闡提者，斷善根時所有佛性云何不斷？……如其不斷，何故名為一闡提耶？」四重禁指僧人違反戒律的四種嚴重罪過：一淫，二盜，三殺人，四妄語。五逆罪指五種嚴重違背佛理的罪行，小乘的五逆罪是：一殺父，二殺母，三殺阿羅漢，四惡意傷及佛身，五離間眾生、敗壞法事。佛教宣傳犯五逆罪者，必墮無間地獄。一闡提是指不信佛法的人。《涅槃經》卷十九稱：「一闡提者，不信因果，無有慚愧，不信業報，不親善友，不隨諸佛所說教戒。如是之人，名一闡提。」

《大般涅槃經》卷二二載佛祖告訴高貴德王菩薩云：「善根有二種，一者內，二者外。佛性非內非外，以是義故佛性不斷……復有二種，一者常。二者無常。佛性非常非無常，是故不斷。」卷二六云：「善法要從方便而得，而是佛性非方便得，是故非善。何故復名非不善耶？能得善果故。善果者，即是阿耨多羅三藐三菩提。」

印宗聽惠能這番講說，內心歡喜，合掌敬禮，說道：「我以前講說佛經，就如同瓦礫一樣微不足道，大師你所闡說的佛理才像真金一樣精純無比。」印宗這人懂得服善，不會小器嫉妒，很值得肯定。《大學》讚揚：「人之有技，若已有之。人之彥聖，其心好之。不啻若自其口出，實能容之。」

於是為惠能薙髮，願事為師。惠能遂於菩提樹下，開東山法門。

惠能於東山得法，辛苦受盡，命似懸絲。今日得與使君、官僚、僧尼道俗同此一會，莫非累劫之緣，亦是過去生中供養諸佛，同種善根，方始得聞如上頓教，得法之因。

教是先聖所傳，不是惠能自智。願聞先聖教者，各令淨心。聞了各自除疑，如先代聖人無別。

一眾聞法，歡喜作禮而退。

於是印宗法師為惠能剃髮授戒，而且願意遵奉他為師父。惠能便在法性寺的菩提樹下，開始講授五祖大師的東山法門。

惠能最後宣告：「我自從在黃梅東山得到五祖傳衣授法，歷盡艱難困苦，性命像懸繫在細絲上那般危險。今天得以和韋使君、各位官員、僧、尼、居士及民眾共同在此聚會，應該都是累生累世結下的緣分，也是過去生生世世供養諸佛、行善積德所致，才能聽到如上禪宗頓悟法門的因由。這是前代聖師所傳授，不是出於惠能自己的智慧。希望聽先聖教法的，首先大家得清淨自己內心。如果在聽受教誨之後，能夠除去心中的疑惑，就跟先代聖人並沒有什麼差別。」大家聽惠能從頭講到這裡，內心都充滿歡喜，敬禮之後各自退下。

《春秋經》數千年傳承的過程中，苦心孤詣，以避時難，保存微言大義於不絕，也是功在華夏。《孟子．告子篇》稱：「天將降大任於斯人也，必先苦其心志，勞其筋骨，餓其體膚，空乏其身，行拂亂其所為，所以動心忍性，增益其所不能。」禪宗六祖求法傳法的諸般經歷，值得後人深思。

東漢時佛教東來，這是「自外來」，原先的華夏思想是「固有之」。二者間的關係如何？可從《易經》的理氣象數去思考，會有不錯的啟發。復卦象徵核心的創造力，有其自我的特性。後接无妄卦，〈彖傳〉稱：「剛自外來而為主於內。」自外來的東西，居然可以成為原先內在的主宰，儒釋道融合後的中國文化即如是。无妄卦六個爻都在探討固有之跟自外來的衝撞，弄的不好就有無妄之災，無妄之疾。第三爻：「无妄之災，或繫之牛，行人之得，邑人之災。」固有的力量弱了，自外來就會橫行無阻。第五爻：「无妄之疾，勿藥有喜。」不要隨便借用外力，未必對症有效。第四爻：「可貞，无咎。」〈小象傳〉：「固有之也。」爻變為益卦，〈大象傳〉：「君子以見善則遷，有過則改。」我們之前講六祖惠能，他的修為就是完全不變的益卦，靈活沒有罣礙，固有的東西越強，接觸外面的東西一點都不用擔心，都可以把好的吸收過來，自己還不會出任何問題。益卦第三爻：「益之用凶事，无咎。」〈小象傳〉：「固有之也。」第二爻〈小象傳〉：「或益之，自外來也。」可以吸收外來的而獲益。上爻是自外來的造成禍害：「莫益之，或擊之，立心勿恒，凶。」〈小象傳〉：「莫益之，偏辭也；或擊之，自外來也。」惠能是中國人，當然深受中國文化的影響，學佛又有大成。佛法進來久了，外來的變成固有的一部分了。恒卦就是固有的，〈繫辭傳〉：「恒，德之固也。恒以一德，恒，雜而不厭。」立心勿恒，固有的東西沒了，自外來的就造成許多非常負面的影響。莫益之，外來的衝擊不會帶來任何好處，反而會帶來禍害。

般若品第二

次日，韋使君請益。

師升座，告大眾曰：「總淨心念摩訶般若波羅蜜多。」復云：「善知識！菩提般若之智，世人本自有之。只緣心迷，不能自悟，須假大善知識示導見性。當知愚人、智人，佛性本無差別。只緣迷悟不同，所以有愚有智。吾今為說摩訶般若波羅蜜法，使汝等各得智慧。志心諦聽，吾為汝說：

善知識！世人終日口念般若，不識自性般若，猶如說食不飽。口但說空，萬劫不得見性，終無有益。

善知識！「摩訶般若波羅蜜」是梵語，此言大智慧到彼岸。此須心行，不在口念。口念心不行，如幻如化，如露如電。口念心行，則心口相應。本性是佛，離性無別佛。

法會第二天，韋刺史請惠能大師進一步宣講佛法。惠能登上講壇，告訴大家說：「各位排除雜念，澄心念摩訶般若波羅蜜多。」摩訶是大，般若是佛家的妙智慧，波羅蜜多是到彼岸，都是梵語音譯，合起來就是修大智慧渡彼岸。佛教稱生死境界為此岸，了卻生死實現涅槃的境界為彼岸。依此，《易經》的既濟卦就是渡彼岸，未濟卦則否。需、同人、蠱、大畜、益、渙、中孚等卦，卦辭稱「利涉大川」；頤卦上爻爻辭「利涉大川」、謙卦初爻爻辭「用涉大川」，皆成功渡彼岸。訟卦卦辭稱「不利涉大川」、頤卦第五爻爻辭「不可涉大川」，不能渡彼岸。然而既濟之後全易終於未濟，意境更高。宇宙生生化化，永無窮盡，不必執著解脫生死。既濟、未濟二卦相綜相錯又相交，既濟中含未濟、未濟中含既濟，根本可視為同一卦。《金剛經》有名的三段論證：「佛說般若波羅蜜，則非般若波羅蜜，是名般若波羅蜜。」與之道理相通。心淨佛土淨，娑婆世就是極樂世，當下即是，根本不必離世覓菩提。

惠能接著又說：「善知識！菩提般若之智，世人本自有之。只緣心迷，不能自悟，須假大善知識示導見性。」世人皆有與生俱來徹悟佛道的智慧，只因心被障蔽迷惑，不能自己開悟，需要學養精深的高僧大德指示開導，才能識得本性。「當知愚人、智人，佛性本無差別。只緣迷悟不同，所以有愚有智。吾今為說摩訶般若波羅蜜法，使汝等各得智慧。志心諦聽，吾為汝說。」應當知道不論愚蠢或聰明的人，本具佛性並無差別，只是迷惑或覺悟不同，才有愚蠢或聰明之別。我今天為各位演說大智慧渡彼岸的法門，使諸位都得智慧，請聚精會神聽講，我為你們解說。

《大學》：「大學之道，在明明德。」《易經》晉卦〈大象傳〉稱：「君子以自昭明德。」第二爻：「晉如愁如，受茲介福，于其王母。」爻變未濟卦，全靠自己不成，還得第五爻接引提攜。卦辭中「晝日三接」即是大德接引之意。「善知識！世人終日口念般若，不識自性般若，猶如說食不飽。口但說空，萬劫不得見性，終無有益。」各位施主！世間人整天口裡唸般若，卻不認識自身本有的佛性，就像口說食物不能填飽肚子一樣。光是口頭上談空，經過萬劫之久也不能體悟自性，結果沒有任何益處。《楞嚴經》卷一：「如人說食，終不能飽。」

「善知識！摩訶般若波羅蜜是梵語，此言大智慧到彼岸。此須心行，不在口念。口念心不行，如幻如化，如露如電。」佛法必須靠誠心修行，不在於口頭誦唸。若只口頭誦唸，而不誠心修行，那就虛幻不實，如朝露閃電，轉瞬即逝。《金剛經》最後一偈：「一切有為法，如夢幻泡影，如露亦如電，應作如是觀。」「口念心行，則心口相應。本性是佛，離性無別佛。」下經第一為咸卦，人都有感有情，有心會想。第四爻是心：「憧憧往來，朋從爾思。」上爻是口：「咸其輔頰舌。」〈小象傳〉：「滕口說也。」口頭誦唸，真心奉持，才心口相應。人的本性就是佛，離開本性不會有別的佛。

何名「摩訶」？「摩訶」是大。心量廣大，猶如虛空。無有邊畔，亦無方圓大小，亦無青黃赤白，亦無上下長短。亦無嗔無喜，無是無非，無善無惡，無有頭尾。諸佛剎土，盡同虛空。世人妙性本空，無有一法可得。自性真空，亦復如是。善知識！莫聞吾說空，便即著空。第一莫著空，若空心靜坐，即著無記空。善知識！世界虛空，能含萬物色像。日月星宿，山河大地，泉源溪澗，草木叢林，惡人善人，惡法善法，天堂地獄，一切大海，須彌諸山，總在空中。世人性空，亦復如是。

善知識！自性能含萬法是大，萬法在諸人性中。若見一切人，惡之與善，盡皆不取不捨，亦不染著，心如虛空，名之為「大」，故曰「摩訶」。

人的心量廣大，猶如虛空，無邊無際，無方無圓，無大無小，無青黃赤白各色之異，無上下長短之分。無嗔無喜，無是無非，無善無惡，無有頭尾。諸佛淨土，都同虛空之性。世人各具圓滿殊妙的佛性，本為虛空，沒有一法執著而可證得。人的自性真空不染一物，同樣如此。

坤卦象徵山河大地、廣土眾民，〈彖傳〉中三言無疆：「德合無疆」、「行地無疆」、「應地無疆」。益卦遷善改過，利益眾生，〈彖傳〉中二言無疆：「民悅無疆」、「日進無疆」。臨卦自由開放，〈大象傳〉稱：「君子以教思無窮，容保民無疆。」

《老子》形容道體：「視之不見名曰夷，聽之不聞名曰希，搏之不得名曰微。此三者不可致詰，故混而為一。其上不皦，其下不昧，繩繩不可名，復歸於無物。是謂無狀之狀，無物之象，是謂惚恍。迎之不見其首，隨之不見其後。」《金剛經》佛告須菩提：「於意云何？東方虛空可思量不……南西北方，四維上下虛空，可思量不？」皆可與此相參。

「善知識！莫聞吾說空，便即著空。第一莫著空，若空心靜坐，即著無記空。」執著空的意識，會障礙修習佛法，遮蔽自性光明，稱為「無記空」。「無記」是佛學專有名詞，非善非惡，亦非真心。如果執著空，怎麼布施隨眾結緣？要藉空去除有，然後不耽溺於空，才合乎中道。惠能說：各位施主！不要聽到我講虛空，就執著於空。第一要注意的是別執著虛空。若執著虛空，以為空無一物，想要空心靜坐，就會落於無記空的情境中，自性不得開發。「善知識！世界虛空，能含萬物色像。日月星宿，山河大地，泉源溪澗，草木叢林，惡人善人，惡法善法，天堂地獄，一切大海，須彌諸山，總在空中。世人性空，亦復如是。」各位施主！須知世界是虛空的，能包含萬物，容納各色物象，日月星辰，山河大地，泉源溪流，草木樹林，壞人好人，壞事善事，天堂地獄，一切大海與須彌諸山，都在虛空中。世人自性虛空，也是這樣。

「善知識！自性能含萬法是大，萬法在諸人性中。若見一切人，惡之與善，盡皆不取不捨，亦不染著，心如虛空，名之為大，故曰摩訶。」各位施主！人自身本有的佛性能包容萬事萬物，稱之為大，萬事萬物都存在於自性中。若是對世界上所有人無論善惡，都能不偏愛不捨棄，不沾染不執著，心地如虛空般包容一切，這就是大，所以稱摩訶。惠能總強調自性具足，能生萬法，修行以回復自性為依歸。《易經》復卦即為此意，〈彖傳〉稱：「復其見天地之心乎！」《禮記．禮運篇》直揭：「人為天地之心。」宋儒張載膾炙人口的「橫渠四句教」明言：「為天地立心，為生民立命，為往聖繼絕學，為萬世開太平。」主詞就是人，人知人能發揮到極致，真正含容萬有。《中庸》稱：「苟不至德，至道不凝焉。」〈繫辭傳〉：「神而明之，存乎其人。」「苟非其人，道不虛行。」《論語．衛靈公篇》記子曰：「人能弘道，非道弘人。」《老子》：「善者吾善之，不善者吾亦善之，德善。信者吾信之，不信者吾亦信之，德信。」一般區別善惡，是己非人，多嫌主觀。不取不捨，不捨著有，不取著空，空有兩不著方能真正超越。

善知識！迷人口說，智者心行。又有迷人，空心靜坐，百無所思，自稱為大。此一輩人，不可與語，為邪見故。

善知識！心量廣大，遍周法界。用即了了分明，應用便知一切。一切即一，一即一切。去來自由，心體無滯，即是般若。

善知識！一切般若智，皆從自性而生，不從外入。莫錯用意，名為真性自用。一真一切真。心量大事，不行小道。口莫終日說空，心中不修此行。恰似凡人自稱國王，終不可得，非吾弟子。

善知識！何名「般若」？「般若」者，唐言「智慧」也。一切處所，一切時中，念念不愚，常行智慧，即是般若行。一念愚就般若絕，一念智就般若生。世人愚迷，不見般若，口說般若，心中常愚，常自言我修般若。念念說空，不識真空。般若無形相，智慧心即是。若作如是解，即名般若智。

「善知識！迷人口說，智者心行。又有迷人，空心靜坐，百無所思，自稱為大。此一輩人，不可與語，為邪見故。」各位施主！迷妄的人只是口頭說禪，智者才真心修行。又有種迷妄的人追求空寂，枯心靜坐，甚麼都不想，自以為了不起。這類人根本不必跟他談，因為都執著無記空的邪妄偏見。「善知識！心量廣大，遍周法界，用即了了分明，應用便知一切。一切即一，一即一切，去來自由，心體無滯，即是般若。」各位施主！人的心量廣大無邊，可包容整個宇宙。善用則宇宙萬相歷歷分明，心體便可得知一切。一切境相都有同一本性，都是人心的顯示，人心的顯示便是一切境相。心性來去自由，無牽無掛，這就是佛門的般若大智慧。《楞嚴經》卷一有云：「由心生故，種種法生。由法生故，種種心生。」「諸法所生，唯心所現。一切因果，世界微塵，因心成體。」

「善知識！一切般若智，皆從自性而生，不從外入。」各位施主！一切般若智慧都從人本有的佛性中來，並不是從外界獲得的。《孟子．告子篇》：「仁義禮智，非由外鑠我也，我固有之也，弗思耳矣。」自性固有，就應該永遠固守住。〈繫辭傳〉：「恒，德之固也：恒以一德。」「莫錯用意，名為真性自用。一真一切真。」不要用錯了心意，這是自身佛性真如的作用，只要獲得佛性真如，一切認識皆真實不妄。「心量大事，不行小道。口莫終日說空，心中不修此行，恰似凡人，自稱國王，終不可得，非吾弟子。」轉迷開悟，思量成佛為大事，不行枯寂靜坐的小道。切莫整天口頭說空，內心卻不遵照修行。這就好像平凡百姓自稱國王，終究不成，這樣絕不是我的弟子。《論語．先進篇》：「季氏富於周公，而求也為之聚斂而附益之。子曰：『非吾徒也！小子鳴鼓而攻之，可也！』」公開聲討，逐出門牆。儒門、佛門都有戒律，嚴重觸犯者開除學籍。

「善知識！何名般若？般若者，唐言智慧也。一切處所，一切時中，念念不愚，常行智慧，即是般若行。」各位施主！甚麼叫般若？就是中文所稱的智慧。無論在何時何地，念念不陷愚妄，遵循智慧行事，就是般若行。「一念愚即般若絕，一念智即般若生。世人愚迷，不見般若，口說般若，心中常愚，常自言我修般若。念念說空，不識真空。般若無形相，智慧心即是。若作如是解，即名般若智。」只要一念愚妄，般若消逝絕跡；一念智慧，般若生發顯現。世間人愚昧迷妄，未悟般若智慧，口唸般若，心中仍然愚昧，還常常自稱修練般若，念念不忘說空，卻根本不識真空。般若無形無相，就是智慧之心。若有這般見識，就是真正的般若智慧。

何名「波羅蜜」？此是西國語，唐言「到彼岸」，解義「離生滅」。著境生滅起，如水有波浪，即名為此岸。離境無生滅，如水常通流，即名為彼岸。故號波羅蜜。

善知識！迷人口念，當念之時，有妄有非。念念若行，是名真性。悟此法者，是般若法。修此行者，是般若行。不修即凡，一念修行，自身等佛。

善知識！凡夫即佛，煩惱即菩提。前念迷即凡夫，後念悟即佛。前念著境即煩惱，後念離境即菩提。

「何名波羅蜜？此是西國語，唐言到彼岸，解義離生滅。」甚麼叫波羅蜜？它是西方古印度的梵語，中國話就是到彼岸，佛教解釋就是超脫生死。「著境生滅起，如水有波浪，即名為此岸。離境無生滅，如水常通流，即名為彼岸。故號波羅蜜。」執著於世間境相，即陷生死輪迴，就像水面波浪起伏一般，阻礙越渡，就待在此岸。超越世間境相，就無生無滅，像水面無波通流無礙，就是到了彼岸，故稱波羅蜜。《楞伽經》卷一佛祖說法偈：「凡夫無智慧，藏識如巨海。業相猶波浪，依彼譬類通。」「善知識！迷人口念，當念之時，有妄有非。」各位施主！迷妄之人口唸般若波羅蜜，心中卻充滿愚癡妄想。「念念若行，是名真性。悟此法者，是般若法。修此行者，是般若行。不修即凡，一念修行，自身等佛。」若是每一心念都能落實修行，才是真實佛性。領悟了這種方法，就懂得般若法門。依此修行，就是般若行。不這樣修的就是世俗凡人，專心一念好好修行的就等同佛身。「善知識！凡夫即佛，煩惱即菩提。前念迷即凡夫，後念悟即佛。前念著境即煩惱，後念離境即菩提。」各位施主！凡夫具有潛在佛性，世俗煩惱中蘊含菩提智慧。前一念癡迷，就是凡夫；後一念開悟，就成佛。前一念執著於世間境相，就是煩惱；後一念超越境相，立證菩提。

善知識！摩訶般若波羅蜜，最尊最上最第一，無住無往亦無來，三世諸佛從此中出。

當用大智慧打破五蘊、煩惱、塵勞。如此修行，定成佛道，變三毒為戒定慧。

善知識！我此法門，從一般若生八萬四千智慧。何以故？為世人有八萬四千塵勞。若無塵勞，智慧常現，不離自性。悟此法者，即是無念、無憶、無著，不起誑妄。用自真如性，以智慧觀照。於一切法，不取不捨，即是見性成佛道。

「善知識！摩訶般若波羅蜜，最尊最上最第一。無住無往亦無來，三世諸佛從此中出。」各位施主！摩訶般若波羅蜜是最尊貴、最崇高、最第一的佛法，從未停住，從不消逝，從不產生。過去、現在、未來三世諸佛，都是修習此法而成就。佛經說過去世莊嚴劫一千佛，現在世賢劫一千佛，未來世星宿劫一千佛，總稱三世諸佛。佛非唯一，生佛平等，眾生皆有佛性，開發成功立地成佛。這與西方一神教的信仰大異其趣，上帝創造世界，末世昏亂顛倒也可毀滅世界，所以《聖經》有〈創世紀〉，也有〈啟示錄〉。世人信仰上帝會得救，蒙受上帝的愛，但無論怎樣勤修，永遠不可能變成上帝。這種牢不可破的信念，似乎也影響到西方帝國主義唯我獨尊的霸道作風，認為可教化訓誨東方世界，建立並維持世界秩序云云。《易經》乾卦高居君位的第五爻稱「飛龍在天」，一旦驕慢自大，必成上爻「亢龍有悔」。真正體現天道，應是「用九，見群龍無首，吉。」〈小象傳〉明示：「天德不可為首也。」〈文言傳〉申論：「飛龍在天，上治也。亢龍有悔，窮之災也。乾元用九，天下治也……飛龍在天，乃位乎天德。亢龍有悔，與時偕極。乾元用九，乃見天則。」〈彖傳〉稱：「乾道變化，各正性命。保合太和，乃利貞。首出庶物，萬國咸寧。」每人每國有其不可侵犯的獨立自主性，互相尊重又可保障群體相處的和諧，天下太平、大同世界的理想由此而來。這與佛教的究竟理念相近，而截然不同西方政教的偏執蠻橫。最上最第一，《金剛經》中須菩提稱：「佛說我得無諍三昧，人中最為第一，是第一離欲阿羅漢。」武則天的〈開經偈〉讚：「無上甚深微妙法，百千萬劫難遭遇。」

「當用大智慧打破五蘊、煩惱、塵勞。如此修行，定成佛道，變三毒為戒定慧。」修佛者應當用佛法的大智慧，打破「色受想行識」五蘊所生發的塵世煩惱與苦難。若堅持如此修，必能成就佛道，將「貪嗔癡」三毒轉化成「戒定慧」。所謂「勤修戒定慧，熄滅貪嗔癡。」貪是貪婪，必生煩惱毒害身心。嗔是忌妒嗔怒，怒火燒毀一切功德。癡是無明愚癡，不明事理。《心經》稱：「觀自在菩薩，行深般若波羅蜜多時，照見五蘊皆空，度一切苦厄。」空五蘊當然得用大智慧，真是談何容易？《易經》講剝極而復，剝卦就是空五蘊，復卦證見宇宙人生的真相，自然能解脫眾苦。佛教喜用「塵勞」形容人生。宋朝柴陵郁禪師的悟道詩：「我有明珠一顆，久被塵勞關鎖，而今塵盡光生，照破山河萬朵。」蘇東坡〈江城子〉憶念亡妻：「縱使相逢應不識，塵滿面、鬢如霜。」神秀寫偈：「時時勤拂拭，勿使惹塵埃。」《金剛經》云：「以三千大千世界，碎為微塵。」人生在世，為塵垢所蔽，身心勞困，至堪悲憫。〈說卦傳〉：「坎者……勞卦也。故曰勞乎坎。」

「善知識！我此法門，從一般若生八萬四千智慧。何以故？為世人有八萬四千塵勞。若無塵勞，智慧常現，不離自性。」各位施主！我所宣講的這一法門，能從一般若中生出八萬四千智慧，為什麼呢？因為人世有八萬四千塵俗煩惱。如果沒了煩惱，般若智慧恆常顯現，人心不離自性。〈繫辭傳〉：「天下之動，貞夫一者也。」「易簡而天下之理得矣！天下之理得，而成位乎其中矣！」《易經》裡有四千零九十六種塵勞，以簡馭繁，可以生出四千零九十六種智慧，圓融超脫化解。「悟此法者，即是無念，無憶，無著，不起誑妄，用自真如性，以智慧觀照。於一切法，不取不捨，即是見性成佛道。」若能領悟這殊勝法門，就能做到不繫念，不追憶，不執著，不起虛偽妄想之心，用自身具有的真如佛性，以般若智慧觀照世界。對於萬事萬物，既不求取也不捨棄，這就是見性成佛之道。習坎繼明，擺脫坎險塵勞後，進入離卦，〈大象傳〉中稱：「明兩作，大人以繼明照于四方。」正是塵盡光生，照破山河萬朵。

善知識！若欲入甚深法界，及般若三昧者，須修般若行，持誦《金剛般若經》，即得見性。當知此經功德無量無邊，經中分明讚歎，莫能具說。此法門是最上乘，為大智人說，為上根人說。小根小智人聞，心生不信。何以故？譬如天龍下雨於閻浮提，城邑聚落，悉皆漂流，如漂草葉。若雨大海，不增不減。若大乘人，若最上乘人，聞說《金剛經》，心開悟解。故知本性自有般若之智。自用智慧，常觀照故，不假文字。譬如雨水不從無有，元是龍能興致，令一切眾生，一切草木，有情無情，悉皆蒙潤。百川眾流，卻入大海，合為一體。眾生本性般若之智，亦復如是。

「善知識！若欲入甚深法界，及般若三昧者，須修般若行，持誦《金剛般若經》，即得見性。」各位施主！若想瞭解佛性中的精深奧妙之義，進入定慧一體的般若三昧境界，必須修行般若法門，奉持誦讀《金剛般若經》，就能得見自身佛性。「當知此經功德無量無邊，經中分明讚歎，莫能具說。此法門是最上乘，為大智人說，為上根人說。」要知道此經功德無量無邊，經中對此記載分明，多致讚嘆，沒法一一細說。這是大菩薩的最上乘法門，專為大智慧者，具上等根器的人講說。「小根小智人聞，心生不信。何以故？譬如天龍下雨於閻浮提，城邑聚落，悉皆漂流，如漂草葉。」一般小根器人沒有辦法明白，不會相信。為什麼呢？就像龍神在人間普降大雨，城鎮村落被淹沒漂流，如同漂去小草樹葉一樣。《老子》中稱：「上士聞道，勤而行之。中士聞道，若存若亡。下士聞道，大笑之，不笑不足以為道。」人的資質稟賦相差甚遠，無法強求。「若雨大海，不增不減。若大乘人，若最上乘人，聞說《金剛經》，心開悟解。」如果雨下在大海中，水量看上去既未增加也未減少。就像講經給大智慧、最上等根器的人聽，一定心開悟解，充分攝受。井卦汲引地下水，就像修行開發自性，一旦鑿及泉脈，噴湧而出，即成高度創新的革卦。井卦卦辭：「無喪無得，往來井井。」水量充沛，取之不盡用之不竭，正所謂「不增不減」啊！

閻浮提指人間世界。佛教稱四大洲，其一為閻浮提，亦譯為南贍部洲，據稱中國、印度均在此洲。《金剛經》說：「若復有人得聞是經，信心清淨，即生實相，當知是人，成就第一希有功德。」「能於此經，受持讀誦……皆得成就無量無邊功德。」「若復有人聞此經典，信心不逆，其福勝彼。何況書寫，受持讀誦，為人解說……是經有不可思議，不可稱量，無邊功德。如來為發大乘者說，為發最上乘者說。」

「故知本性自有般若之智。自用智慧，常觀照故，不假文字。」所以知道人的本性中具有佛的智慧，自己運用這種智慧，經常觀照萬事萬物，不必假藉文字知解。明心見性，文字常常反成障礙，六祖不識字而成就，心中常生智慧。我們久習文字，心中常生煩惱。《華嚴經．如來出現品》：「無一眾生而不具有如來智慧，但以妄想顛倒執著，而不證得。」「譬如雨水，不從無有，元是龍能興致，令一切眾生，一切草木，有情無情，悉皆蒙潤。百川眾流，卻入大海，合為一體。眾生本性般若之智，亦復如是。」這就像雨水不是無中生有，而是龍神興雲佈雨，使世上一切生靈，一切草木，一切有情無情，都受到滋潤。一切江河水流，最後都匯入大海，融為一體。眾生本性具有的般若智慧，也是這樣。《老子》：「譬道之在天下，猶川谷之與江海。」又稱：「江海之能為百谷王者，以其善下之。」《中庸》稱：「小德川流，大德敦化，此天地之所以為大也。」

善知識！小根之人，聞此頓教，猶如草木根性小者，若被大雨，悉皆自倒，不能增長。

小根之人，亦復如是。元有般若之智，與大智人更無差別，因何聞法不自開悟？緣邪見障重，煩惱根深。猶如大雲覆蓋於日，不得風吹，日光不現。般若之智亦無大小，為一切眾生自心迷悟不同。迷心外見，修行覓佛。未悟自性，即是小根。若開悟頓教，不執外修，但於自心常起正見。煩惱塵勞，常不能染，即是見性。善知識！內外不住，去來自由，能除執心，通達無礙。能修此行，與《般若經》本無差別。

「善知識！小根之人，聞此頓教，猶如草木根性小者，若被大雨，悉皆自倒，不能增長。小根之人，亦復如是。元有般若之智，與大智人更無差別，因何聞法不自開悟？」各位施主！小根器的人聽到這種頓教法門，就像根性柔弱的草木，一旦遇到大雨就仆倒，不能繼續生長。小根之人就是如此，雖然自身本具般若智慧，和大智人並無差別，為何聽法不能自己開悟呢？「緣邪見障重，煩惱根深。猶如大雲覆蓋於日，不得風吹，日光不現。」這是因為種種邪見障礙深重，煩惱深植於心中。就像大片雲層遮蔽了日光，若沒大風吹散，陽光不能透現。「般若之智亦無大小，為一切眾生自心迷悟不同。迷心外見，修行覓佛。未悟自性，即是小根。」每人本具的般若智慧並無大小的區別，只因眾生之心迷惑或開悟。人心迷惑想通過外在的修行尋覓佛性，不了悟自性，就是小根器者。「若開悟頓教，不執外修，但於自心常起正見。煩惱塵勞，常不能染，即是見性。」如果開悟頓教法門，不執著於外在的修行，而於心中經常興起正確知見，世俗煩惱塵勞不能沾染，就是見到本性。

「善知識！內外不住，去來自由，能除執心，通達無礙。能修此行，與《般若經》本無差別。」各位施主！既不執著內心的煩惱，又不留戀外在的物相，來去自由，能破除執著虛妄之心，通達沒有任何障礙。若能修到這個地步，就跟《金剛經》中所說沒有差別。

善知識！一切修多羅及諸文字，大小二乘十二部經，皆因人置。因智慧性，方能建立。若無世人，一切萬法本自不有。故知萬法本自人興。一切經書因人說有。緣其人中，有愚有智。愚為小人，智為大人。愚者問於智人，智者與愚人說法。愚人忽然悟解心開，即與智人無別。

「善知識！一切修多羅及諸文字，大小二乘十二部經，皆因人置。」修多羅是印度佛典中九分教的分類法，意譯為契經。大小二乘十二部經，代指全部《大藏經》。各位施主！一切九分教的經籍及各種著述文字，大乘、小乘與十二類別的佛經著作，都是因人而設置。「因智慧性，方能建立。若無世人，一切萬法本自不有。故知萬法本自人興。一切經書因人說有。」因為人類智慧的本性，這些經典才能成立。如果沒有世人，一切萬法也就不存在了。所以可知一切佛法因人而興，一切經書因人宣講才有。「人能弘道，非道弘人。」「苟非其人，道不虛行。」「神而明之，存乎其人。」人為天地立心，為生民立命，為往聖繼絕學，為萬世開太平。說來說去，還是這些道理。「緣其人中，有愚有智，愚為小人，智為大人。愚者問於智人，智者與愚人說法。愚人忽然悟解心開，即與智人無別。」因為人類中有愚昧有聰明。愚昧的根器小，聰明的根器高。愚昧的向聰明的請教，聰明的向愚昧的說法。愚昧的一旦豁然開悟，就與聰明的沒差別。孟子說：「先知覺後知，先覺覺後覺。」這是當然之理。佛法「不輕初學，不重久習。」重點是在開悟了沒有？「後生可畏，焉知來者之不如今？」井卦第五爻：「井冽，寒泉食。」爻變成升卦，開發自性成功，取之不盡，用之不竭。井卦第四爻爻變為大過卦，可能功虧一簣，一切努力歸零，和下面三個爻沒有差別，故而〈彖傳〉稱：「汔至亦未繘井，未有功也。」未濟卦〈彖傳〉：「小狐汔濟，未出中也。」，沒有過河，差一點也不成。

善知識！不悟即佛是眾生，一念悟時眾生是佛。故知萬法盡在自心，何不從自心中，頓見真如本性？《菩薩戒經》云：我本元自性清淨。若識自心見性，皆成佛道。《淨名經》云：「即時豁然，還得本心。」

「善知識！不悟即佛是眾生，一念悟時眾生是佛。故知萬法盡在自心，何不從自心中，頓見真如本性？」各位施主！若未開悟，佛是眾生；一念開悟，眾生是佛。所以可知萬法都在自心中。既然如此，為何不從自心中頓時悟見佛性真如呢？《楞嚴經》卷一：「諸法所生，唯心所現。一切因果，世界微塵，因心成體。」頤卦初爻：「舍爾靈龜，觀我朵頤，凶。」〈小象傳〉：「亦不足貴也！」王陽明稱：「拋卻自家無盡藏，沿門托鉢效貧兒。」皆為此意。

「《菩薩戒經》云：我本元自性清淨。若識自心見性，皆成佛道。」菩薩戒是很嚴格而全面的戒律，《菩薩戒經》即《梵網經》，號稱是佛祖入定時講的經，經文說：「光明金剛寶戒，是一切佛本源，一切菩薩本源，佛性種子。」「是一切眾生戒本源自性清淨。」人的自性本源是清淨的，若能見到心中的自性本源，即能成就佛道。《淨名經》云：「即時豁然，還得本心。」《淨名經》就是《維摩詰經》，居士說法，好些菩薩都來聽受。維摩詰是音譯，意譯就是淨名。《華嚴經》講善財童子五十三參，遊學參訪的出家眾很少，大部分都是各行各業的在家眾。真的佛法不像一般的小裡小氣，尤其末法時期，居士說法還比較可靠。佛經上講：「邪師說法，如恒河沙。」《維摩詰經．弟子品》：「時維摩詰即入三昧，令此比丘自識宿命……迴向阿耨多羅三藐三菩提，即時豁然，還得本心。」當下豁然開悟，體會自身本心。

善知識！我於忍和尚處，一聞言下便悟，頓見真如本性。是以將此教法流行，令學道者頓悟菩提，各自觀心，自見本性。若自不悟，須覓大善知識、解最上乘法者，

直示正路。是善知識有大因緣，所謂化導，令得見性。一切善法，因善知識能發起故。

「善知識！我於忍和尚處，一聞言下便悟，頓見真如本性。是以將此教法流行，令學道者頓悟菩提，各自觀心，自見本性。若自不悟，須覓大善知識、解最上乘法者，直示正路。是善知識有大因緣，所謂化導，令得見性。一切善法，因善知識能發起故。」各位施主！我在弘忍大師那裡，一聽他講授佛法，當下便開悟，體會到自身本有的佛性。所以我將這種教法廣泛傳播，讓學道者也能頓時開悟，各自觀照內心，認識本有的佛性。如果不能自己開悟，必須覓求精通最上乘佛法的大德，直接指示修行佛法的正路。這些大德有弘揚佛法的大因緣，所謂引導教化使眾生體悟佛性。一切善法之所以建立，就是因為這些大德能開導啟發的緣故。《華嚴經．賢首品》：「若能親近善知識，則能修習廣大善。」《大學》：「大學之道，在明明德。」晉卦〈大象傳〉稱：「君子以自昭明德。」然而第二爻：「晉如愁如，受茲介福，于其王母。」自悟有困難時，仍需王母開導啟發。蒙卦初爻：「發蒙，利用刑人，用說桎梏。」刑即典型模範，初習眾生必須好的老師引導，才得擺脫心靈的枷鎖，得悟真理大道。

三世諸佛，十二部經，在人性中本自具有。不能自悟，須求善知識指示方見。若自

悟者，不假外求。若一向執謂須他善知識望得解脫者，無有是處。何以故？自心內有知識自悟。若起邪迷，妄念顛倒，外善知識雖有教授，救不可得。若起正真般若觀照，一剎那間，妄念俱滅。若識自性，一悟即至佛地。

「三世諸佛，十二部經，在人性中本自具有。」過去、現在、未來三世諸佛的般若智慧，十二部經的佛法義理，在人性中本來已經具備。《心經》稱：「三世諸佛依般若波羅蜜多故，得阿耨多羅三藐三菩提。」《易經．繫辭傳》：「易之為書也，不可遠。」復卦初爻象徵天地之心，爻辭：「不遠復，無祇悔，元吉。」〈小象傳〉：「不遠之復，以修身也。」《論語．述而篇》記子曰：「仁遠乎哉？我欲仁，斯仁至矣！」《孟子．盡心篇》：「萬物皆備於我矣！反身而誠，樂莫大焉。強恕而行，求仁莫近焉。」道理全通。「不能自悟，須求善知識指示方見。若自悟者，不假外求。若一向執謂須他善知識望得解脫者，無有是處。」若是不能自悟，必須尋求良師益友開示，才能見性。如果能夠自悟，就不必借助他人了。如果一心執著於外在師友的指導才能解脫，沒有這個道理。「何以故？自心內有知識自悟。若起邪迷，妄念顛倒，外善知識雖有教授，救不可得。」為何這麼說？因為人心本有佛性，可以自己領悟。若是一念邪迷，妄念顛倒障蔽自性，就算外有良師指導也無濟於事。蒙卦第三爻：「見金夫，不有躬，無攸利。」爻變成蠱卦。躬是自我，不有躬，蠱惑敗壞，迷失自我，怎麼教都沒用。「若起正真般若觀照，一剎那間，妄念俱滅。若識自性，一悟即至佛地。」若能在心中生起真正的般若智慧，便可瞬間滅除一切妄念。只要識得自性，即刻開悟，進入佛的境地。金庸小說《倚天屠龍記》中，張三手的武功自悟自成。他原先想追隨郭靖為師，還好後來沒去。郭靖本身武功高強，卻並非好老師，沒教出一個好學生。伏羲一畫開天，他跟誰學？自師其性，達到了究竟。

善知識！智慧觀照，內外明徹，識自本心。若識本心，即本解脫。若得解脫，即是般若三昧。般若三昧，即是無念。何名無念？知見一切法，心不染著，是為無念。用即遍一切處，亦不著一切處。但淨本心，使六識出六門，於六塵中無染無雜。來去自由，通用無滯，即是般若三昧，自在解脫，名無念行。如若百物不思，當令念絕，即是法縛，即名邊見。善知識！悟無念法者，萬法盡通。悟無念法者，見諸佛境界。悟無念法者，至佛地位。

「善知識！智慧觀照，內外明徹，識自本心。若識本心，即本解脫。若得解脫，即是般若三昧。般若三昧，即是無念。」各位施主！用般若智慧觀照萬物，內外一片澄明，認識到自性本心。若能認識本心，即可解脫世俗煩惱，就是定慧一體的般若三昧，就是無念。〈繫辭傳〉稱：「復，德之本也。」「復其見天地之心乎！」復卦就是講本心。坎卦談習心，故稱「習坎」。離卦講「明心」，旨在明心見性，〈大象傳〉稱：「大人以繼明照于四方。」「何名無念？知見一且法，心不染著，是為無念。」什麼叫無念？認知世界一切境相，內心不沾染不執著，就是無念。「用即遍一切處，亦不著一切處。」般若智慧的妙用可遍及一切處所，又不執著一切處所。「但淨本心，使六識出六門，於六塵中無染無雜。」只要清淨自己的心地，六識透過眼、耳、鼻、舌、身、意六門而出，形成視覺、聽覺、嗅覺、味覺、觸覺、思慮等感覺與認識，而能不受六塵境相的干擾汙染。「來去自由，通用無滯，即是般若三昧，自在解脫，名無念行。」來去自由，周流萬物無所阻滯，就是佛性智慧與禪定境界統一的般若三昧。自由自在，解脫煩惱，稱為修行無念法門。「若百物不思，當令念絕，即是法縛，即名邊見。」如果心中啥也不想，會使人心念斷絕，受到法的束縛，反而不自在，這是陷於片面的偏見。

「善知識！悟無念法者，萬法盡通。悟無念法者，見諸佛境界。悟無念法者，至佛地位。」各位施主！真正領悟了無念法門的人，一切法門皆通，就能認識諸佛境界，就能進入佛的地位。

善知識！後代得吾法者，將此頓教法門，於同見同行，發願受持，如事佛故，終身

而不退者，定入聖位。然須傳授從上以來默傳分付，不得匿其正法。若不同見同行，在別法中，不得傳付。損彼前人，究竟無益。恐愚人不解，謗此法門。百劫千生，斷佛種性。

「善知識！後代得吾法者，將此頓教法門，於同見同行，發願受持，如事佛故，終身而不退者，定入聖位。」各位施主！後代有人得到我所講述的佛法，將這頓教法門與志同道合者共發誓願修持，如同侍奉佛祖那樣虔誠，終身都不退轉，必能修成正果，進入聖位。觀卦第三爻：「觀我生，進退。」可能精進成第四爻「觀國之光」，也可能退轉為初、二爻的「童觀」和「闚觀」。終身不退轉很不容易。「然須傳授從上以來默傳分付，不得匿其正法。」但是必得遵照前代祖師心傳默授的囑咐，不得隱祕不傳正法。「若不同見同行，在別法中，不得傳付。」若沒碰到志同道合，修持別的法門的，不得傳授我的頓悟法門。正所謂「不是一路人，不入一家門。」「損彼前人，究竟無益。恐愚人不解，謗此法門。百劫千生，斷佛種性。」否則對不起前輩大師，也沒有任何好處。恐怕愚人不能理解，妄加毀謗此一法門，因而累世累劫斷絕佛性，永難成佛。

善知識！吾有一〈無相頌〉，各須誦取。在家出家，但依此修。若不自修，惟記吾言，亦無有益。聽吾頌曰：
說通及心通。如日處虛空。唯傳見性法，出世破邪宗。法即無頓漸，迷悟有遲疾。
只此見性門，愚人不可悉。說即雖萬般，合理還歸一。煩惱暗宅中，常須生慧日。
邪來煩惱至，正來煩惱除。邪正俱不用，清淨至無餘。菩提本自性，起心即是妄。
淨心在妄中，但正無三障。世人若修道，一切盡不妨。常自見己過，與道即相當。
色類自有道，各不相妨惱。離道別覓道，終身不見道。波波度一生，到頭還自懊。
欲得見真道，行正即是道。自若無道心，暗行不見道，若真修道人，不見世間過。
若見他人非，自非卻是左。他非我不非，我非自有過。但自卻非心，打除煩惱破。
憎愛不關心，長伸兩腳臥。欲擬化他人，自須有方便。勿令彼有疑，即是自性見。
佛法在世間，不離世間覺。離世覓菩提，恰如求兔角。正見名出世，邪見名世間。
邪正盡打卻，菩提性宛然。此頌是頓教，亦名大法船。迷聞經累劫，悟則剎那間。
師復曰：「今於大梵寺說此頓教，普願法界眾生言下見性成佛。」
時韋使君與官僚道俗，聞師所說，無不省悟。一時作禮，皆歎：「善哉！何期嶺南有佛出世！」
「善知識！吾有一〈無相頌〉，各須誦取。在家出家，但依此修。若不自修，惟記吾言，亦無有益。」出家眾是比丘、比丘尼，在家眾是優婆塞、優婆夷。各位施主！我有一篇〈無相頌〉，各位必須誦讀記住，無論在家出家，都要依照修行。若不自己修持，只是記住我的言辭，並無益處。聽吾頌曰：「說通及心通，如日處虛空。唯傳見性法，出世破邪宗。法即無頓漸，迷悟有遲疾。只此見性門，愚人不可悉。說即雖萬般，合理還歸一。煩惱暗宅中，常須生慧日。」既能講說佛法通達，又能內心圓通，就像太陽明照當空。只有傳授頓悟見性的法門，才能超脫世間破除旁門邪宗。佛法其實並沒有頓悟漸悟的差別，只是眾生或迷或悟有快有慢而已。我們這見性成佛的法門，愚癡者無法知悉瞭解。講說佛法有千萬種方式，真正究竟還是萬法歸一。世間煩惱如身處暗室，必須常有智慧的日光來照亮。印順法師是慈濟證嚴上人的老師，他的講堂就叫慧日講堂。「邪來煩惱至，正來煩惱除。邪正俱不用，清淨至無餘。菩提本自性，起心即是妄。淨心在妄中，但正無三障。」修佛需解脫三大障礙：一、貪嗔癡的煩惱障；二、身口意所造的業障；三、報障。邪念一起煩惱叢生，正見產生煩惱解除。最好對邪正都不刻意追求，自心清淨即能進入無餘涅槃的境界。菩提覺悟源於人的自性，起心動念產生虛妄，迷妄中有自性的根苗，只要端正心念，就可掃除三障。「世人若修道，一切盡不妨。常自見己過，與道即相當。」世人若真誠修道，出不出家都不妨礙。經常能發現自己的過失，就和佛道的境界相當。《壇經．疑問品第三》：「若欲修行，在家亦得，不由在寺。」顏回為孔子最欣賞的門徒，稱他「不遷怒，不貳過」。〈繫辭傳〉記子曰：「顏氏之子，其殆庶幾乎？有不善未嘗不知，知之未嘗復行也。」以此解釋復卦初爻的道理，勇於改過即回歸自性。「色類自有道，各不相妨惱。離道別覓道，終身不見道。波波度一生，到頭還自懊。」世間眾生自有佛性，各自修心，不相妨礙。如果脫離自性另求真理，終生無法見道。奔忙荒度一生，最後空自懊惱。「欲得見真道，行正即是道。自若無道心，暗行不見道。若真修道人，不見世間過。若見他人非，自非卻是左。他非我不非，我非自有過。但自卻非心，打除煩惱破。憎愛不關心，長伸兩腳臥。欲擬化他人，自須有方便。勿令彼有疑，即是自性見。佛法在世間，不離世間覺。離世覓菩提，恰如求兔角。」若真心求道，端正行為就是真正的佛道。自己若沒有求道的真誠，就像黑夜行路不見正道。如果是真正修道人，不會去看別人的過錯。如果老是盯著別人的錯，自己反而錯大了！別人犯錯，我行正道，我如果做錯，自心就有過。我只要排除心中邪念，就可以打破煩惱。世俗的憎愛都不關心，伸長兩腳安臥。如果想教化他人，自己便須有方便法門。不要讓他對佛法產生懷疑，就是心中自性的呈現。佛法本來就存在於人世間，不能脫離世間另求覺悟。不然就像在兔子頭上找角一樣，根本就找不到。「正見名出世，邪見名世間。邪正盡打卻，菩提性宛然。此頌是頓教，亦名大法船。迷聞經累劫，悟則剎那間。」一般修行人以為正見就是出世，邪見就是人世間，其實應該泯滅這種出世與世間的差異，然後菩提佛性才會宛然呈現心間。這篇偈誦是頓悟法門，也是普渡眾生的大法船。邪說誤導人已經累世累劫，真正開悟只在剎那間。《維摩詰經．不二法門品》：「世間、出世間為二。世間性空，即是出世間。於其中不入不出，不溢不散，是為入不二法門。」

師復曰：「今於大梵寺說此頓教，普願法界眾生言下見性成佛。」大師又說道：「今天在大梵寺講述這頓教法門，希望普世一切眾生聽到之後，當下開悟，見性成佛。」

「時韋使君與官僚道俗，聞師所說，無不省悟。一時作禮，皆歎：『善哉！何期嶺南有佛出世！』」當時韋刺史與隨從官僚、僧俗大眾，聽大師講說後，內心都有省悟。大家一起向大師行禮，讚嘆說：「太好了！沒想到嶺南之地有活佛出世啊！」我才不信，這是做文章，哪有那麼容易開悟的？

六祖正式弘法時，講最高的般若智，融入中國社會的特色，強調一切源於自己，充滿現世情懷，絕不離開此世往外去追求虛無縹渺的東西。〈無相頌〉在《壇經》就好幾首，即興說法，不刻意修飾文辭，一切從菩提心自然流露而出，相當誠摯感人。

疑問品第三

一日，韋刺史為師設大會齋。齋訖，刺史請師升座，同官僚士庶肅容再拜。問曰：

「弟子聞和尚說法，實不可思議。今有少疑，願大慈悲，特為解說。」

師曰：「有疑即問，吾當為說。」

韋公曰：「和尚所說，可不是達摩宗旨乎？」

師曰：「是。」

公曰：「弟子聞達摩初化梁武帝，帝問云：『朕一生造寺度僧，布施設齋，有何功德？』達摩言：『實無功德。』弟子未達此理，願和尚為說。」

師曰：「實無功德，勿疑先聖之言，武帝心邪，不知正法。造寺度僧，布施設齋，名為求福。不可將福便為功德。功德在法身中，不在修福。」

「一日，韋刺史為師設大會齋。齋訖，刺史請師升座，同官僚士庶肅容再拜。」有一天，韋刺史為大師設立盛大的齋會，結束後，請大師升座，與官僚、學者、百姓敬肅禮拜，請教問題。問曰：「弟子聞和尚說法，實不可思議。今有少疑，願大慈悲，特為解說。」弟子聽大師說法，真是精妙不可思議，現在有些疑問，希望大師慈悲為懷，為弟子解說。師曰：「有疑即問，吾當為說。」韋公曰：「和尚所說，可不是達摩宗旨乎？」菩提達摩是禪宗初祖，六祖所傳應該是宗旨。師曰：「是。」公曰：「弟子聞達摩初化梁武帝，帝問云：『朕一生造寺度僧，布施設齋，有何功德？』達摩言：『實無功德。』弟子未達此理，願和尚為說。」這一段故事太有名了！韋刺史當然聽過。他坦言並不真懂，請惠能開示。師曰：「實無功德，勿疑先聖之言。武帝心邪，不知正法。造寺度僧，布施設齋，名為求福。不可將福便為功德。功德在法身中，不在修福。」惠能的說法完全一樣，要刺史不必懷疑祖師的話。梁武帝心念不正，不懂佛法真諦。他營造寺廟、剃度僧尼、施捨錢財、設立齋會，這是追求福報，不能認作功德。功德在於體悟法身中的佛性，不是外在的祈福。《金剛經》裡也提功德與福德，功德不是一般福德可以企及，不可將福便為功德：「須菩提！若菩薩以滿恆河沙等世界七寶，持用布施，若復有人，知一切法無我得成於忍。此菩薩勝前菩薩所得功德。何以故？須菩提！以諸菩薩不受福德故。須菩提白佛言：世尊，云何菩薩不受福德？須菩提！菩薩所作福德，不應貪著，是故說不受福德。」

《易經》中幾處祭祀，目的就是為了求福受福。井卦第三爻：「井渫不食，為我心惻。求王明，並受其福。」〈小象傳〉：「求王明，受福也。」晉卦第二爻：「晉如愁如，貞吉。受茲介福，于其王母。」困卦第二爻：「利用享祀。」第五爻：「利用祭祀。」〈小象傳〉：「受福也。」既濟卦第五爻：「東鄰殺牛，不如西鄰之禴祭，實受其福。」〈小象傳〉：「吉大來也。」泰卦第三爻：「勿恤其孚，于食有福。」另外多處提到功與德。蒙卦〈彖傳〉稱：「蒙以養正，聖功也。」〈大象傳〉：「君子以果行育德。」需卦、坎卦、蹇卦、解卦、漸卦〈彖傳〉皆稱：「往有功也。」〈大象傳〉坎卦稱：「君子以常德行，習教事。」蹇卦：「君子以反身修德。」漸卦：「君子以居賢德善俗。」巽卦第四爻〈小象傳〉：「田獲三品，有功也。」井卦〈彖傳〉稱：「汔至亦未繘井，未有功也。」恒卦上爻：「振恒在上，大無功也。」隨卦初爻：「出門交有功。」第四爻〈小象傳〉：「有孚在道，明功也。」師卦第三爻：「師或輿尸，凶。」〈小象傳〉：「大無功也。」上爻〈小象傳〉：「大君有命，以正功也。」坤卦〈大象傳〉：「君子以厚德載物。」〈彖傳〉：「德合無疆。」訟卦第四爻：「食舊德。」〈小象傳〉：「從上吉也。」小畜卦上爻：「尚德載。」〈小象傳〉：「德積載也。」〈大象傳〉：「君子以懿文德。」否卦〈大象傳〉：「君子以蹇德避難。」大有卦〈彖傳〉：「其德剛健而文明，應乎天而時行，是以元亨。」豫卦〈大象傳〉：「先王以作樂崇德。」蠱卦〈大象傳〉：「君子以振民育德。」大畜卦〈大象傳〉：「君子以多識前言往行以畜其德。」恒卦第三爻：「不恒其德，或承之羞，貞吝。」〈小象傳〉：「無所容也。」第五爻：「恒其德，貞。」晉卦〈大象傳〉：「君子以自昭明德。」升卦〈大象傳〉：「君子以順德，積小以高大。」節卦〈大象傳〉：「君子以制數度，議德行。」

乾坤〈文言傳〉多言德：「君子行此四德者，故曰乾元亨利貞……龍德而隱者也……龍德而正中者也……閑邪存其誠，善世而不伐，德博而化。見龍在田，利見大人，君德也……君子進德修業，忠信，所以進德也……君子進德修業，欲及時也……飛龍在天，乃位乎天德……君子以成德為行，日可見之行也……夫大人者，與天地合其德。」「至靜而德方……君子敬以直內，義以方外，敬義立而德不孤。」〈繫辭傳〉：「可久則賢人之德，可大則賢人之業……富有之謂大業，日新之謂盛德……易簡之善配至德……夫易，聖人所以崇德而廣業也……勞而不伐，有功而不德，厚之至也，語以其功下人者也。德言盛，禮言恭……顯道神德行，是故可與酬酢，可與祐神矣……蓍之德圓而神，卦之德方以知……聖人以此齋戒以神明其德夫……天地之大德曰生……以通神明之德，以類萬物之情……陽卦奇，陰卦偶，其德行何也……精義入神，以致用也；利用安身，以崇德也。過此以往，未之或知也；窮神知化，德之盛也……德薄而位尊，知小而謀大……陰陽合德而剛柔有體，以體天地之撰，以通神明之德……履，德之基也；謙，德之柄也；復，德之本也；恒，德之固也；損，德之修也；益，德之裕也；困，德之辨也；井，德之地也；巽，德之制也……若夫雜物撰德，辨是與非，則非其中爻不備……易之興也，其當殷之末世，周之盛德邪……夫乾，天下之至健也，德行恒易以知險；夫坤，天下之至順也，德行恒易以知阻。」〈說卦傳〉：「和順於道德而理於義，窮理盡性以至於命。」

由以上的引文可知，德、功、福三字在《易經》經傳思想中有多重要，詳細深入研究必可有豐富收穫。一般說來，福為任何個人與團體衷心祈求，有大願與擔當的當為眾生謀福。人生行事建功立業，奮鬥有具體可述的成效。當然最高的還是立德，其次有立功，其次有立言，這是華人傳之已久眾所公認的「三不朽」。佛典對功、德、福的論述不盡相同，有心者可仔細比較。

師又曰：「見性是功，平等是德。念念無滯，常見本性。真實妙用，名為功德。內心謙下是功，外行於禮是德。自性建立萬法是功，心體離念是德。不離自性是功，應用無染是德。若覓功德法身，但依此作，是真功德。若修功德之人，心即不輕，常行普敬。心常輕人，吾我不斷，即自無功。自性虛妄不實，即自無德。為吾我自大，常輕一切故。

善知識！念念無間是功，心行平直是德。自修性是功，自修身是德。

善知識！功德須自性內見，不是布施供養之所求也，是以福德與功德別。武帝不識真理，非我祖師有過。」

大師又說：「見性是功，平等是德。」發現自身所有的佛性是功，實踐眾生平等是德。「群龍無首」就是平等，「乃見天則」，「萬國咸寧」。乾卦「自強不息」「各正性命」是功，坤卦「厚德載物」「品物咸亨」是德。「念念無滯，常見本性。真實妙用，名為功德。」起心動念通達沒有滯礙，經常體會到自有的佛性，本體真實運用靈妙，稱為功德。「內心謙下是功，外行於禮是德。」內心謙遜退讓是功，行為合乎禮法是德。《易經》謙卦卦爻全吉，圓善有終。〈彖傳〉稱：「謙尊而光，卑而不可逾。」《老子》：「夫唯不爭，故天下莫能與之爭。」履卦、謙卦、復卦，都跟禮有關。謙以制禮，履以行禮，克己復禮。「自性建立萬法是功，心體離念是德。」深悟自性以建立萬法是功，內心離絕一切愚癡妄想是德。《金剛經》前半部講離相，排除虛妄事相的干擾，下半部講離念，從根源處戒絕。《壇經．般若品》：「自性能含萬法是大」、「萬法盡在自心」。「不離自性是功，應用無染是德。」念念不離自身佛性是功，應用自性不染塵俗是德。「若覓功德法身，但依此作，是真功德。若修功德之人，心即不輕，常行普敬。」若想尋求自身中的佛性功德，只要依此施行，就是真正的功德。修行功德的人，不會對人輕慢，總持普遍敬重的態度。

「心常輕人，吾我不斷，即自無功。」倘若待人輕慢，我執深重，就不會有功。「自性虛妄不實，即自無德。為吾我自大，常輕一切故。」一旦自性為虛妄的邪念障蔽，就不會有德。這是因為驕傲自大，輕視一切的緣故。人一旦存了輕慢的心，蔑視別人，就是毀滅的開始，不可能交上任何朋友。剝卦初爻、二爻爻辭皆稱：「蔑貞凶。」〈小象傳〉初爻：「以滅下也。」二爻：「未有與也。」〈繫辭傳〉講完乾卦上爻：「亢龍有悔」，下面馬上講謙卦第三爻：「勞謙，君子有終。」兩相對照。「滿招損，謙受益。」這是自然的道理。

「善知識！念念無間是功，心行平直是德。自修性是功，自修身是德。」各位施主！時時刻刻想到佛法，念念不忘本性是功，心念與行為公平正直是德。自悟本性是功，自修己身是德。平直二字，在《易經》中也不斷強調。謙卦〈大象傳〉：「君子以裒多益寡，稱物平施。」強調分配布施要公平。乾卦〈文言傳〉：「雲行雨施，天下平也。」咸卦〈彖傳〉：「聖人感人心而天下和平。」泰卦第三爻：「無平不陂，無往不復。」升平、太平，都是世界和平的崇高理念。觀卦上爻〈小象傳〉：「觀其生，志未平也。」與人較量的爭心一起，下面就是噬嗑卦腥風血雨的鬥爭。坎卦第五爻：「坎不盈，坻既平，無咎。」領袖應包容異己，持平對待一切。〈繫辭傳〉：「危者使平，易者使傾。」濟困扶危，為人本色。《論語．雍也篇》：「人之生也直。」坤卦第二爻：「直方大，不習無不利。」〈小象傳〉：「直以方也。」〈文言傳〉：「直其正也，方其義也。君子敬以直內，義以方外，敬義立而德不孤。」同人卦第五爻：「先號咷而後笑，大師克相遇。」困卦第五爻：「乃徐有脫，利用祭祀。」〈小象傳〉皆稱：「以中直也。」〈繫辭傳〉：「夫乾，其靜也專，其動也直，是以大生焉。」一直都有樸實自然、不事虛偽矯飾之意。

「善知識！功德須自性內見，不是布施供養之所求也。是以福德與功德別。武帝不識真理，非我祖師有過。」各位施主！功德必須從自身佛性中去證得，不是布施財物、供養僧侶所能求得。所以福德與功德不同。梁武帝不懂佛門真諦，並非達摩祖師說錯了！

刺史又問曰：「弟子常見僧俗念阿彌陀佛，願生西方。請和尚說，得生彼否？願為破疑。」

師言：「使君善聽，惠能與說。世尊在舍衛城中，說西方引化。經文分明，去此不遠。若論相說里數，有十萬八千，即身中十惡八邪，便是說遠。說遠謂其下根，說近為其上智。人有兩種，法無兩般。迷悟有殊，見有遲疾。迷人念佛求生於彼，悟人自淨其心。所以佛言：隨其心淨即佛土淨。

使君！東方人但心淨即無罪。雖西方人，心不淨亦有愆。東方人造罪，念佛求生西方，西方人造罪，念佛求生何國？凡愚不了自性，不識身中淨土，願東願西，悟人在處一般。所以佛言：隨所住處恒安樂。

使君！心地但無不善，西方去此不遙。若懷不善之心，念佛往生難到。今勸善知識，先除十惡，即行十萬；後除八邪，乃過八千。念念見性，常行平直。到如彈指，便睹彌陀。

使君！但行十善，何須更願往生？不斷十惡之心，何佛即來迎請？若悟無生頓法，見西方只在剎那。不悟，念佛求生，路遙如何得達？」

韋刺史又問道：「弟子常見僧尼百姓口中誦念阿彌陀佛，祈求往生西方極樂世界。請大師解說，這樣就能往生淨土嗎？請為我解決疑惑。」惠能回答：「刺史請諦聽，惠能為你解說。世尊當年在舍衛城中，鄭重推薦阿彌陀佛的西方淨土。經上說得很清楚，極樂世界離此不遠。」語見《觀無量壽經》：「爾時世尊告韋提希：『汝今知不？阿彌陀佛去此不遠。汝當繫念，諦觀彼國，淨業成者。』」復卦初爻爻辭：「不遠復，無祇悔，元吉。」〈小象傳〉：「不遠之復，以修身也。」《孟子．離婁篇》：「道在邇而求諸遠，事在易而求諸難。」佛就在心中，哪有比這還近的，幹嘛跑到外面去找？

「若論相說里數，有十萬八千，即身中十惡八邪，便是說遠。」若論外在的道路里程，有十萬八千里之說，這是相對世俗之人有十惡八邪而言。若不改過，距離西方淨土真有十萬八千里之遙，永遠也到不了。若徹底改過，淨土就在眼前。「說遠謂其下根，說近為其上智。」說遠是講給下等根器者聽的，說近是講給上等智慧者聽。「人有兩種，法無兩般。迷悟有殊，見有遲疾。迷人念佛，求生於彼，悟人自淨其心。所以佛言：隨其心淨，即佛土淨。」《維摩詰經．佛國品》：「若菩薩欲得淨土，當淨其心。隨其心淨，則佛土淨。」淨心才是根本，一旦迷妄偏離，佛土到哪裡去找？我占淨土宗主旨，就是无妄卦。世人有聰明與愚鈍的區別，佛法並沒兩樣，只是有人迷惑，有人覺悟，對佛性的體悟有快有慢。迷惑的人誦念佛號祈求往生西方，覺悟的人清淨自心已進入佛國。所以佛祖說：隨著心地的清淨，佛土相應也清淨。

「使君！東方人但心淨即無罪。雖西方人，心不淨亦有愆。東方人造罪，念佛求生西方，西方人造罪，念佛求生何國？」問的真好！既濟兼未濟，此岸就是彼岸，只要大徹大悟，不必離開現世去求淨土，煩惱就證菩提。「刺史！東方之人只要內心清淨便無罪過，即使西方之人，若內心不清淨也會有罪過。如果東方之人犯罪，念佛就可往生西方，那西方之人犯罪，念佛要求生何國？」「凡愚不了自性，不識身中淨土，願東願西，悟人在處一般。所以佛言：隨所住處恒安樂。」平庸愚昧之人不悟自身本有佛性，不識心中就有清淨國土，只知祈求往生東方或西方。真正覺悟的人在哪裡都一樣。所以佛祖說：隨身所住之處，都是安樂佛土。《大學》講「無所不用其極」，在任何地方都用盡最高的智慧，不挑環境。《中庸》說「無入而不自得。」進入任何環境，都能夠晏然自得。《無量壽經》稱西方佛土，「其國名曰安樂」。

「使君！心地但無不善，西方去此不遙。若懷不善之心，念佛往生難到。」刺史！只要心念沒有不善，西方離此不遠；若懷不善之念，想靠念佛往生，恐怕很難。「今勸善知識，先除十惡，即行十萬；後除八邪，乃過八千。念念見性，常行平直。到如彈指，便睹彌陀。」我勸各位施主先戒除十惡，就往西方走了十萬里路程；然後再戒除八邪，就又走了八千里。只要念念不忘自身的佛性，常存平等正直之心，彈指之間就可到達西天佛土，立即得見阿彌陀佛。「即得往生阿彌陀佛極樂國土。」《阿彌陀經》中說：善男信女若誦持阿彌陀佛名號，一心不亂，「其人臨命終時，阿彌陀佛與諸聖眾現在其前」，「即得往生阿彌陀佛極樂國土。」

「使君！但行十善，何須更願往生？不斷十惡之心，何佛即來迎請？若悟無生頓法，見西方只在剎那。不悟，念佛求生，路遙如何得達？」刺史！只要多行善事，何必念佛以求往生西天？如果不根除邪惡之心，哪裡會有佛來接引？如果體悟了無生無滅的頓悟法門，剎那之間就能見到西方淨土。如果不能體悟，只靠念佛求生西方，路途遙遠怎能到達？

「惠能與諸人移西方於剎那間，目前便見。各願見否？」

眾皆頂禮云：「若此處見，何須更願往生？願和尚慈悲，便現西方，普令得見。」

師言：「大眾！世人自色身是城，眼、耳、鼻、舌是門，外有五門，內有意門。心是地，性是王。王居心地上，性在王在，性去王無。性在身心存，性去身心壞。佛向性中作，莫向身外求。自性迷即是眾生，自性覺即是佛。慈悲即是觀音，喜捨名為勢至，能淨即釋迦，平直即彌陀。人我是須彌，邪心是海水，煩惱是波浪。毒害是惡龍，虛妄是鬼神，塵勞是魚鱉。貪嗔是地獄，愚癡是畜生。

善知識！常行十善，天堂便至。除人我，須彌倒。去邪心，海水竭，煩惱無，波浪滅。毒害忘，魚龍絕。自心地上覺性如來，放大光明。外照六門清淨，能破六欲諸天。自性內照，三毒即除，地獄等罪，一時消滅，內外明徹，不異西方。不作此修，如何到彼？」

大眾聞說，了然見性，悉皆禮拜，俱歎：「善哉！」唱言：「普願法界眾生，聞者一時悟解！」

「惠能與諸人移西方於剎那間，目前便見。各願見否？」眾皆頂禮云：「若此處見，何須更願往生？願和尚慈悲，便現西方，普令得見。」惠能說讓大家都見識，剎那間將西方移至眼前。信眾當然願意，看看大師怎麼顯神通乾坤大挪移？《維摩詰經．見阿閦佛品》中，維摩詰居士就曾運用神通，將遠方的妙喜世界移至眾生眼前，使眾生親見清淨佛土，獲無上菩提心。

師言：「大眾，世人自色身是城，眼、耳、鼻、舌是門，外有五門，內有意門。心是地，性是王。王居心地上，性在王在，性去王無。性在身心存，性去身心壞。佛向性中作，莫向身外求。自性迷即是眾生，自性覺即是佛。慈悲即是觀音，喜捨名為勢至，能淨即釋迦，平直即彌陀。」惠能說：諸位信眾，世人的血肉之軀就像一座城，眼、耳、鼻、舌是城門，外面有五座城門，內裡有意識之門。人心是城中土地，人的本性是城中君王，君王住在土地上，本性在則君王在，本性喪失君王亦不存。本性在則身心存活，本性喪失則身心毀壞。佛是從自性中產生的，不要到身外去尋覓。自性迷惑就是世俗眾生，自性覺悟就成為佛。慈悲為懷就是觀音菩薩，給人歡喜樂於施捨就是大勢至菩薩，自性清淨得無上正覺就是釋迦牟尼佛，平等正直就是阿彌陀佛。西方三聖像，中間是阿彌陀佛，旁邊是觀音跟勢至，等於三位一體。《易經》的中孚卦相當於阿彌陀佛，依數位觀象法拆開來，就是觀卦加臨卦。觀是觀世音，臨是大勢至，第四爻：「至臨，無咎。」中孚〈彖傳〉：「信及豚魚也。」淨土宗的信仰普及常民，愚夫愚婦行善信佛都可往生西方。後面是小過、既濟、未濟，全經將終，切合末法時期所需的信仰。釋迦牟尼是音譯，意譯就是能仁寂寞，在燃燈古佛的時候就預言，他將來要在來世成佛，號釋迦牟尼。

「人我是須彌，邪心是海水，煩惱是波浪。毒害是惡龍，虛妄是鬼神，塵勞是魚鱉。貪嗔是地獄，愚癡是畜生。」須彌山據佛教傳說，是凡器世界的中心，山高八萬四千由旬，山頂為忉利天，山腰為四大王天，日月繞在山腰。如果有我相有人相，人我壁壘分明，就像須彌山很難打破，障蔽了自性的開發。邪心妄想就像大海水，煩惱連續不斷，像翻湧不息的波浪。毒害之心就像惡龍，虛妄之念就像鬼神，世俗塵勞就像水中的魚鱉。貪婪嗔怒就像墮入地獄，愚昧癡心就像畜生。《楞伽經》卷一曾將世俗擾動的人心，比喻為「猶如猛風吹大海水」，又有偈曰：「凡夫無智慧，藏識如巨海。業相猶波浪，依彼譬類通。」坎卦〈大象傳〉：「水洊至，習坎。君子以常德行，習教事。」人得在地獄中試煉學習。「善知識！常行十善，天堂便至。除人我，須彌倒。去邪心，海水竭。煩惱無，波浪滅。毒害忘，魚龍絕。自心地上覺性如來，放大光明。」各位施主！常行十件善事，天堂便會出現在眼前；破除人我之見，須彌山就會倒塌。去掉邪心妄想，海水就會枯竭。斷滅煩惱，波浪就會平息。忘記毒害之心，魚鱉毒龍就會絕跡。從自心中體悟佛性，就有佛光大放光明。坎卦後是離卦，〈大象傳〉：「明兩作，大人以繼明照于四方。」等於從地獄升進到天堂。

「外照六門清淨，能破六欲諸天。自性內照，三毒即除，地獄等罪，一時消滅，內外明徹，不異西方。不作此修，如何到彼？」佛的光明能將外在的眼、耳、鼻、舌、身、意六門照耀得一片清淨，能破除欲界六天。自性光明內照，能破除貪嗔癡三毒，消除墮入地獄的種種罪過。內外光明澄澈，與西方淨土全無差別。不作這種修行，怎麼到得了極樂世界？「大眾聞說，了然見性，悉皆禮拜，俱歎：『善哉！』唱言：『普願法界眾生，聞者一時悟解！』」大家聽完惠能的說法，清楚感悟到自性，一起頂禮膜拜，讚嘆道：「講得太好了！」又齊聲祝禱：「但願普天下一切眾生，都能在聽聞之後開悟解脫。」

師言：「善知識！若欲修行，在家亦得，不由在寺。在家能行，如東方人心善；在寺不修，如西方人心惡。但心清淨，即是自性西方。」

韋公又問：「在家如何修行？願為教授。」

師言：「吾與大眾說〈無相頌〉，但依此修，常與吾同處無別。若不作此修，剃髮出家，於道何益？」

頌曰：

心平何勞持戒，行直何用修禪？恩則孝養父母，義則上下相憐。讓則尊卑和睦，忍則眾惡無喧。若能鑽木取火，淤泥定生紅蓮。苦口的是良藥，逆耳必是忠言。改過必生智慧，護短心內非賢。日用常行饒益，成道非由施錢。菩提只向心覓，何勞向外求玄？聽說依此修行，天堂只在目前。

師復曰：「善知識！總須依偈修行，見取自性，直成佛道，法不相待！眾人且散，吾歸曹溪，眾若有疑，卻來相問。」

時刺史、官僚、在會善男信女，各得開悟，信受奉行。

師言：「善知識！若欲修行，在家亦得，不由在寺。」在家裡也可以修，維摩詰居士就比菩薩修的好，文殊都還要去請教。六祖四十歲才出家，可是二十四歲就接了衣缽，五祖並沒說非出家不傳。「在家能行，如東方人心善；在寺不修，如西方人心惡。但心清淨，即是自性西方。」居家若能奉行佛法，就像東方之人一心向善；出家在寺廟卻不好好修持，就像西方之人心思邪惡。只要心思清淨，就是自性中的西方佛土。

韋公又問：「在家如何修行？願為教授。」在家居士怎麼修呢？

師言：「吾與大眾說〈無相頌〉，但依此修，常與吾同處無別。若不作此修，剃髮出家，於道何益？」你們就按照這〈無相頌〉來修，就像與我同處沒有區別。若不照此修行，即使剃度出家也沒用。《孟子．告子篇》：「夫道，若大路然，豈難知哉？人病不求爾！子歸而求之，有餘師。」頌曰：「心平何勞持戒，行直何用修禪？恩則孝養父母，義則上下相憐。」如果心念平等，又何須刻意持戒？行為正直，何須默坐修禪？報答佛恩就應孝養父母，遵行仁義應該上下相憐恤。「佛在家中坐，何必遠燒香？」惠能去五祖那邊求道，先安頓老母親，以盡人子之孝。「讓則尊卑和睦，忍則眾惡無喧，若能鑽木取火，淤泥定生紅蓮。」彼此謙讓，尊卑長幼之間相處就和睦；相互容忍，大家的怨惡就不會喧鬧惹事。若有鑽木取火的毅力，淤泥中一定會開出紅色的蓮花。《金剛經》：「知一切法無我，得成於忍。」《大般若涅槃經》：「譬如木性火性，俱時而生。值燧人鑽搖，火之與木，當時各自」，「木者喻若煩惱，火者喻如佛性。」蓮花是佛教的象徵。《維摩詰經．佛道品》：「譬如高原陸地，不生蓮花，卑濕淤泥，乃生此花」，「煩惱泥中，乃有眾生起佛法耳。」周敦頤的〈愛蓮說〉膾炙人口：「出淤泥而不染，濯清漣而不妖，中通外直，不蔓不枝，香遠益清，亭亭淨植，可遠觀而不可褻玩焉。」

「苦口的是良藥，逆耳必是忠言。改過必生智慧，護短心內非賢。」「良藥苦口利於病，忠言逆耳利於行。」惠能生在中國社會，對這些觀念相當孰悉。勇於改過必生智慧，怙惡護短的心中必非賢善。《維摩詰經．香積佛品》稱菩薩成就八法，其一云：「常省己過，不訟彼短。」「日用常行饒益，成道非由施錢。菩提只向心覓，何勞向外求玄？聽說依此修行，天堂只在目前。」說得很懇切。平日要常行有益眾生，為眾生謀福之事，成就佛道並不在施捨錢財。菩提覺悟只可向心中求得，何必辛苦往外尋找玄妙之道呢？聽講之後照此修行，極樂世界即刻呈現眼前。《維摩詰經．香積佛品》稱維摩詰「雖獲俗利，不以喜悅，遊諸四衢，饒益眾生。」這段話說得真是懇切，令人感動。

師復曰：「善知識！總須依偈修行，見取自性，直成佛道，法不相待！眾人且散，吾歸曹溪。眾若有疑，卻來相問。」惠能又說道：各位施主！大家都要依照這偈頌修行，發現證悟自性，直接成就佛道。萬事變化快速，時間不會等待人。大家且散去，我要回曹溪了。日後再有疑難，再來相問。「時刺史、官僚、在會善男信女，各得開悟，信受奉行。」當時韋刺史、各位官員屬吏，以及與會的善男信女，各自都開悟，誠信接受並遵照修行。最後這段套路，總希望法會功德圓滿，其實談何容易？

定慧品第四

師示眾云：善知識！我此法門，以定慧為本。大眾勿迷，言定慧別。定慧一體，不是二。定是慧體，慧是定用。即慧之時定在慧，即定之時慧在定，若識此義，即是定慧等學。諸學道人，莫言先定發慧，先慧發定，各別。作此見者，法有二相。口說善語，心中不善，空有定慧，定慧不等。若心口俱善，內外一如，定慧即等。自悟修行，不在於諍，若諍先後，即同迷人。不斷勝負，卻增我法，不離四相。

善知識！定慧猶如何等？猶如燈光，有燈即光，無燈即暗。燈是光之體，光是燈之用。名雖有二，體本同一。此定慧法，亦復如是。

「勤修戒定慧，熄滅貪嗔癡。」損卦〈大象傳〉：「君子以懲忿窒欲。」艮卦〈大象傳〉：「君子以思不出其位。」都有因戒而生定之義。《大學》：「大學之道，在明明德，在親民，在止於至善。知止而後有定，定而後能靜，靜而後能安，安而後能慮，慮而後能得。」

〈雜卦傳〉：「艮，止也……節，止也……大壯則止。」

觀卦有大艮之象，佛教有止觀法門，因止欲而生觀照的智慧。觀、艮兩卦卦辭都沒有「元亨利貞」，也無「吉凶悔吝」，卻是非常重要的修行方法。艮卦重視「無咎」，〈繫辭傳〉：「無咎者，善補過也。」觀卦強調「有孚」，誠信關愛眾生。井卦前為困卦，後為革卦，卦辭亦無「元亨利貞」，有開發自性之義。一旦成功，脫胎換骨，「元亨利貞」俱全。

「師示眾云：善知識！我此法門，以定慧為本。大眾勿迷，言定慧別。定慧一體，不是二。定是慧體，慧是定用。即慧之時定在慧，即定之時慧在定。若識此義，即是定慧等學。諸學道人，莫言先定發慧，先慧發定，各別。作此見者，法有二相。口說善語，心中不善，空有定慧，定慧不等。若心口俱善，內外一如，定慧即等。自悟修行，不在於諍。若諍先後，即同迷人。不斷勝負，卻增我法，不離四相。」惠能開示大眾，說道：各位施主！我所宣講的頓教法門，以修練禪定與般若智慧為根本。大家聽到有人說定慧有區別，不要產生迷惑。定慧本是一體，不是兩樣東西。禪定是般若智慧的本體，智慧是禪定的作用。當般若智慧發生時，禪定即在其中；凝神進入禪定時，智慧包含在內。若明白這個道理，就懂得定慧同體的學說。諸位修道的人，不要說先入禪定才生智慧，或者說先有智慧才有禪定，這就將二者區別開了。若持這種見解，便割裂了圓融的佛法。口中盡說好話，心中懷有惡念，空有定慧虛名，卻不認識定慧同體。若心中所想口中所言皆善，內外都顯佛性真如，定慧便融為一體。自我體悟與修行，不在於口舌爭論是非。若爭論定慧孰先孰後，就同迷妄之人一樣。爭勝負之心不斷，只會增加我法二執的煩惱，不能超脫四相，修成正果。四相即我相、人相、眾生相、壽者相。艮卦卦辭：「艮其背，不獲其身；行其庭，不見其人。」正是無我相，無人相。

「善知識！定慧猶如何等？猶如燈光。有燈即光，無燈即暗。燈是光之體，光是燈之用。名雖有二，體本同一。此定慧法，亦復如是。」各位施主！定與慧的關係就像甚麼呢？就像燈與光一樣。有燈就有光明，無燈變成黑暗。燈是光的本體，光是燈的作用。名稱雖然有二，整體不可分割。我講的定慧法門，也是這樣。

師示眾云：「善知識！一行三昧者，於一切處，行、住、坐、臥，常行一直心是也。《淨名經》云：直心是道場，直心是淨土。莫心行諂曲，口但說直，口說一行三昧，不行直心。但行直心，於一切法勿有執著。迷人著法相，執一行三昧。直言常坐不動，妄不起心，即是一行三昧。作此解者，即同無情，卻是障道因緣。善知識！道須通流，何以卻滯？心不住法，道即通流。心若住法，名為自縛。若言常坐不動是，只如舍利弗宴坐林中，卻被維摩詰訶。善知識！又有人教坐，看心觀靜，不動不起，從此置功。迷人不會，便執成顛，如此者眾。如是相教，故知大錯。

師示眾云：「善知識！一行三昧者，於一切處，行、住、坐、臥，常行一直心是也。《淨名經》云：直心是道場，直心是淨土。莫心行諂曲，口但說直，口說一行三昧，不行直心。但行直心，於一切法勿有執著。迷人著法相，執一行三昧，直言常坐不動，妄不起心，即是一行三昧。作此解者，即同無情，卻是障道因緣。」一行，指專注於一事，指直心而言。三昧，指心定於一處而不動，又稱三摩提，即所謂定。《淨名經》即《維摩詰經》，〈菩薩品〉：「直心是道場，無虛假故。」〈佛國品〉：「直心是菩薩淨土。」《金剛經》：「一切有為法，如夢幻泡影，如露亦如電，應作如是觀。」所以對一切法不要執著。佛教說二障，一為理障，一為事障。邪見障礙正見，為理障。又分為煩惱障、所知障。法執障蔽菩提，即所知障，都會障礙信眾修行佛道。

惠能開示大眾說道：各位施主！所謂一行三昧，就是在任何處所，無論行、住、坐、臥，都得依真實之心行事。《維摩詰經》上說真實心就是成佛的道場，就是佛國的淨土。切莫心懷虛假邪曲的意念，口頭說真實本心，一行三昧，卻不按真心行事。要遵照真心行事，對一切法都別執著，迷妄的人執著外在的物相，以及一行三昧的名義，說常坐不動，心中不起妄念就是一行三昧。如果這樣理解，一行三昧即與無情的木石一樣了，完全障礙了信眾體悟真正的佛法。

「善知識！道須通流，何以卻滯？心不住法，道即通流。心若住法，名為自縛。若言常坐不動是，只如舍利弗宴坐林中，卻被維摩詰訶。」各位施主！大道必須通流無礙，怎麼反而滯礙不通呢？如果內心不執著事物境相，佛法便暢通無阻；如果執著事物境相，就是自我束縛。如果說常坐不動就是一行三昧，那就像舍利弗在林中靜坐，卻受到維摩詰訶責一樣，事見《維摩詰經．弟子品》。《易經》圓通無礙，艮卦靜止，震卦行動，二卦相綜一體，動中有靜，靜中有動，動極轉靜，靜極轉動。震卦紅塵闖蕩，第二爻爻辭：「震來厲，億喪貝，躋於九陵，七日得。」九陵就是艮山之象，在紅塵浪裡，勿忘孤峰頂上的修行。

「善知識！又有人教坐，看心觀靜，不動不起，從此置功。迷人不會，便執成顛。如此者眾，如是相教，故知大錯。」各位施主！又有人指導別人坐禪，說要專注看心觀靜，不起心動念，想用這種方法修行成功。迷惑的人未能領會一行三昧的真諦，執著形相，顛倒是非，這樣的人很多。用這種方法教導別人，肯定大大錯誤。

師示眾云：善知識！本來正教，無有頓漸。人性自有利鈍，迷人漸修，悟人頓契。自識本心，自見本性，既無差別。所以立頓漸之假名。

善知識！我此法門，從上以來，先立無念為宗，無相為體，無住為本。無相者，於相而離相。無念者，於念而離念。無住者，人之本性。於世間善惡好醜，乃至冤之與親，言語觸刺欺爭之時，並將為空，不思酬害。念念之中，不思前境。若前念、今念、後念，念念相續不斷，名為繫縛。於諸法上，念念都不住，即無縛也。此是以無住為本。

善知識！外離一切相，名為無相。能離於相，則法體清淨。此是以無相為體。

善知識！於諸境上心不染，曰無念。於自念上，常離諸境，不於境上生心。若只百物不思，念盡除卻，一念絕即死，別處受生。是為大錯。學道者思之，若不識法意，自錯猶可，更勸他人。自迷不見，又謗佛經。所以立無念為宗。

「師示眾云：善知識！本來正教，無有頓漸。人性自有利鈍，迷人漸修，悟人頓契。自識本心，自見本性，既無差別。所以立頓漸之假名。」《中庸》稱：「或生而知之，或學而知之，或困而知之，及其知之一也。或安而行之，或利而行之，或勉強而行之，及其成功一也。」〈繫辭傳〉稱：「一致而百慮，殊途而同歸。」真理是一個，每個人根器和智慧不同，先天不如人，勤能補拙，靠後天的努力也成。「人一能之，已百之，人十能之，已千之。果能此道矣，雖愚必明，雖柔必強。」惠能開示大眾說道：各位施主！本來正確的佛法並無頓悟、漸悟的差別，只因為世人稟性有所差異，對佛法的領悟有快有慢。迷惑的人必須長期漸修，聰明的人卻能剎那頓悟。一旦認識自己的本心，發現自有的佛性，其實並無差別，所謂頓悟與漸修，只是假立的名稱而已。

「善知識！我此法門，從上以來，先立無念為宗，無相為體，無住為本。無相者，於相而離相。無念者，於念而離念。無住者，人之本性。於世間善惡好醜，乃至冤之與親，言語觸刺欺爭之時，並將為空，不思酬害。」各位施主！我這頓教法門，從佛祖一直傳到現在，首先確立無念為宗旨，無相為主體，無住為根本。所謂無相，就是面對萬事萬物的名相，又能超然脫離其名相。所謂無念，就是對一切事相境界不生染著。所謂無住，就是人自有的本性。對於世間一切善惡、好醜、冤家親友，以及言語衝撞、欺侮鬥爭之時，都認作虛妄不實，無意報復。《金剛經》：「凡所有相，皆是虛妄。」「離一切諸相，即名諸佛。」「應無所住而生其心。」「如來說一切諸相，即是非相。」《維摩詰經．觀眾生品》：「以無住本立一切法。」《壇經．般若品》：「知見一切法，心不染著，是為無念。」「念念之中，不思前境。若前念、今念、後念，念念相續不斷，名為繫縛。於諸法上，念念都不住，即無縛也。此是以無住為本。」在每一心念之中，不要追思留戀過往之事。如果總是憶念過去、執著當下、憂心將來，一個心念接一個心念連續不斷，這是自我繫縛，徒增煩惱。如果對各種事物境相，每一心念都不執著愛戀，就解除束縛，沒有煩惱，這就是以無住為本。

「善知識！外離一切相，名為無相。能離於相，則法體清淨。此是以無相為體。」各位施主！超然脫離外在一切名相，就叫無相。能夠脫離外在名相，法性本體就可清淨無染，這就是以無相為體。

「善知識！於諸境上心不染，曰無念。於自念上，常離諸境，不於境上生心。」各位施主！對各種事物境相都不沾染心念，就是無念。在自己心念上，能夠超越世間境相，不受干擾。「若只百物不思，念盡除卻，一念絕即死，別處受生。是為大錯。學道者思之，若不識法意，自錯猶可，更勸他人。自迷不見，又謗佛經。所以立無念為宗。」如果只是甚麼都不想，各種心念掃除乾淨，完全斷絕就是死亡，靈魂就要到別處投生。這樣理解無念就大錯特錯了。學道的人當思考，若不正確理解，自己犯錯也就算了，還勸別人也這樣幹，自己迷妄還毀謗佛經。所以要以無念為修行的宗旨。

人一般對過去的東西留戀，對當前的東西執著，又掛念未來會怎麼樣？蠱卦前是隨卦，再前是豫卦，未來變成現在，現在又成了過去。《金剛經》云：「過去心不可得，現在心不可得，未來心不可得。」

善知識！云何立無念為宗？只緣口說見性，迷人於境上有念，念上便起邪見。一切塵勞妄想，從此而生。自性本無一法可得，若有所得，妄說禍福，即是塵勞邪見。故此法門，立無念為宗。

善知識！無者無何事，念者念何物？無者無二相，無諸塵勞之心，念者念真如本性。

真如即是念之體，念即是真如之用。真如自性起念，非眼、耳、鼻、舌能念。真如有性，所以起念。真如若無，眼、耳、色、聲當時即壞。

善知識！真如自性起念，六根雖有見聞覺知，不染萬境，而真性常自在。故經云：

「能善分別諸法相，於第一義而不動。」

「善知識！云何立無念無宗？只緣口說見性，迷人於境上有念，念上便起邪見，一切塵勞妄想，從此而生。自性本無一法可得，若有所得，妄說禍福，即是塵勞邪見。故此法門，立無念為宗。」各位施主！為什麼要確立無念為宗旨？只因為人們口頭上說見到佛性，而迷妄者面對世俗境相仍有執著，便會生起邪見，一切煩惱妄想因此而生。佛性本自具有，其外並無一法可以獲得，如果以為有所得，而妄言禍福，便是世俗的煩惱邪見。所以這個法門要確立無念為宗旨。

「善知識！無者無何事，念者念何物？無者無二相，無諸塵勞之心，念者念真如本性。真如即是念之體，念即是真如之用。真如自性起念，非眼、耳、鼻、舌能念。真如有性，所以起念。真如若無，眼、耳、色、聲當時即壞。」各位施主！我所謂的無是無何事，念是念何物呢？無是別執著生滅、有無、人我、是非等相對的名相，不要有塵俗煩惱之心。念是觀照真如本性。佛性真如是觀照的本體，動念觀照是真如佛性的作用。我們是從真如佛性生起正念，不是眼、耳、鼻、舌的感覺能念。真如本性存在，才能生起心念。如果沒有真如本性，眼、耳、色、聲等感覺通通不會存在。

「善知識！真如自性起念，六根雖有見聞覺知，不染萬境，而真性常自在。故經云：『能善分別諸法相，於第一義而不動。』」各位施主！若從真如自性的觀照中生起心念，眼、耳、鼻、舌、身、意六根雖有見聞感覺，不會被外在眾多境相沾染，而真如自性恆在。所以《維摩詰經．佛國品》說：「若能善於分辨諸般法相，對佛性真如的認識就能堅定不移。」

坐禪品第五

師示眾云：此門坐禪，元不看心，亦不看淨，亦不是不動。若言看心，心原是妄。知心如幻，故無所看也。若言看淨，人性本淨，由妄念故，蓋覆真如。但無妄想，性自清淨。起心看淨，卻生淨妄。妄無處所，看者是妄。淨無形相，卻立淨相，言是工夫。作此見者，障自本性，卻被淨縛。

善知識！若修不動者，但見一切人時，不見人之是非、善惡、過患，即是自性不動。

善知識！迷人身雖不動，開口便說他人是非、長短、好惡，與道違背。若看心看淨，即障道也。

師示眾云：善知識！何名坐禪？此法門中，無障無礙，外於一切善惡境界，心念不起，名為坐；內見自性不動，名為禪。

善知識！何名禪定？外離相為禪，內不亂為定。外若著相，內心即亂。外若離相，心即不亂。本性自淨自定，只為見境思境即亂。若見諸境心不亂者，是真定也。善知識！外離相即禪，內不亂即定。外禪內定，是為禪定。《菩薩戒經》云：我本性元自清淨。善知識！於念念中，自見本性清淨，自修、自行，自成佛道。

〈坐禪品〉是最短的一品，闡義精簡扼要。達摩祖師坐禪，少林寺面壁九年，據說還有影子印在山壁上。惠能開示大眾不是枯坐，而是真心不動。「師示眾云：此門坐禪，元不看心，亦不看淨，亦不是不動。若言看心，心原是妄。知心如幻，故無所看也。若言看淨，人性本淨，由妄念故，蓋覆真如。但無妄想，性自清淨。」我們頓教法門的坐禪，原本不執著於看心，也不執著於看淨，也不是常坐不動。如果說坐禪就是看心，一般人看到的心，都是妄心蓋覆了真心。既然知道是妄心，就沒甚麼可看的了。如果說坐禪就是看淨，人的自性本來清淨，因起妄念而覆蓋了真如本性。只要不生妄想，本性自然清淨。《金剛經》：「如來說諸心，皆為非心，是名為心。」「起心看淨，卻生淨妄。妄無處所，看者是妄。淨無形相，卻立淨相，言是工夫。作此見者，障自本性，卻被淨縛。」若是起心追求清淨，反而出現虛妄的清淨境界。虛妄並無固定處所，執著觀看便是妄念。清淨並無確定形相，有人卻要設立某種清淨相，宣稱這是必修工夫。持這種見解的人，已經障蔽了自己的本性，反而被清淨束縛。

「善知識！若修不動者，但見一切人時，不見人之是非、善惡、過患，即是自性不動。」

各位施主！若修禪定如如不動之功，只要在面對任何人時，看不到別人的是非、善惡與過失，就是自性不動的禪功了！《壇經・付囑品》稱：「若覓真不動，動上有不動。」「善知識！迷人身雖不動，開口便說他人是非、長短、好惡，與道違背。若看心看淨，即障道也。」各位施主！迷妄的人雖然身體常坐不動，一開口就說別人是非好惡，論人長短，這已經違反了佛道，還稱看心看淨，已經障礙了佛法的修行。

「師示眾云：善知識！何名坐禪？此法門中，無障無礙，外於一切善惡境界，心念不起，名為坐；內見自性不動，名為禪。」惠能又開示大眾說：各位施主！什麼叫坐禪呢？在此頓教法門中，自性顯現，沒有任何障礙。對外在任何善惡境界都不起心動念攀緣，這叫坐；向內見到佛性不動，這叫禪。《維摩詰經・不二法門品》稱：「善不善為二，若不起善不善，入無相際而通達者，是為入不二法門。」「善知識！何名禪定？外離相為禪，內不亂為定。外若著相，內心即亂。外若離相，心即不亂。本性自淨自定，只為見境思境即亂。若見諸境心不亂者，是真定也。」各位施主！到底甚麼叫禪定呢？外則超脫物相不染著為禪，內則一心不亂為定。若執著外在物相，內心就會迷亂；超脫外在物相，內心就不迷亂。人的自性本來清淨安定，只因為看到外境思慮牽掛，內心就迷亂。如果看到外境心思不亂的，才是真正的禪定。「善知識！外離相即禪，內不亂即定。外禪內定，是為禪定。《菩薩戒經》云：我本性元自清淨。善知識！於念念中，自見本性清淨，自修、自行，自成佛道。」各位施主！外超脫物相而不染就是禪，內保持自性清淨就是定。外禪內定，就是禪定。《菩薩戒經》上說：我們的自性本來清淨。

各位施主！念念之間都要觀照自性清淨，自己修習自己奉行，自己成就佛道。《菩薩戒經》就是《梵網經》，為佛祖在甚深入定時講的經典，卷下云：「光明金剛寶戒，是一切佛本源，一切菩薩本源，佛性種子……一切眾生戒本源自性清淨。」

懺悔品第六

懺悔是所有宗教都有的儀式，讓人犯錯後有傾訴悔過的機會。《易經》裡悔字甚多，乾卦上爻：「亢龍有悔。」〈小象傳〉：「窮之災也。」過剛生悔，人生修到完全「無悔」很難，要先做到「悔亡」，小心節制不犯錯，使悔恨消亡。

咸卦第四爻：「貞吉，悔亡。憧憧往來，朋從爾思。」第五爻：「咸其脢，無悔。」未濟卦第四爻：「貞吉，悔亡。」〈小象傳〉：「志行也。」第五爻：「貞吉，無悔。君子之光，有孚，吉。」渙卦第二爻：「渙奔其机，悔亡。」第三爻：「渙其躬，無悔。」大壯卦第四爻：「貞吉，悔亡。」第五爻：「喪羊于易，無悔。」都是先求悔亡，再進一步做到無悔。革卦卦辭：「已日乃孚，元亨利貞，悔亡。」第四爻：「悔亡。有孚，改命吉。」蠱卦第三爻：「小有悔，無大咎。」孔子說：「五十以學易，可以無大過矣！」《易經》是悔過之書。

時大師見廣、韶洎四方士庶，駢集山中聽法。於是升座告眾曰：來！諸善知識！此

事須從自性中起，於一切時，念念自淨其心，自修其行。見自己法身，見自心佛，自度自戒，始得不假到此。既從遠來，一會於此，皆共有緣。今可各各胡跪，先為傳自性五分法身香，次授無相懺悔。眾胡跪。

師曰：一、戒香，即自心中，無非、無惡、無嫉妒、無貪嗔、無劫害，名戒香。二、定香，即睹諸善惡境相，自心不亂，名定香。三、慧香，自心無礙，常以智慧觀照自性，不造諸惡，雖修眾善，心不執著。敬上念下，矜恤孤貧，名慧香。四、解脫香，即自心無所攀緣，不思善，不思惡，自在無礙，名解脫香。五、解脫知見香，自心既無所攀緣善惡，不可沉空守寂，即須廣學多聞，識自本心，達諸佛理，和光接物，無我無人，直至菩提，真性不易，名解脫知見香。善知識！此香各自內薰，莫向外覓。

「時大師見廣、韶洎四方士庶，駢集山中聽法。」惠能看到廣州、韶州，還有其他四方來的學者跟百姓，都跑到這道場來聽大師開示。「於是升座告眾曰：來！諸善知識！此事須從自性中起，於一切時，念念自淨其心，自修其行。」來吧，各位施主！修行佛法必須從體悟自身佛性做起，在一切時候，起心動念都自己清淨本心，自己虔誠修行。他三句不離本行，裡面永遠都有「自」字，這跟中國傳統思想特別合。自強不息、自昭明德、自我致寇、自我致戎，好壞都是自己，跟別人沒有關係。「見自己法身，見自心佛，自度自戒，始得不假到此。既從遠來，一會於此，皆共有緣。」觀照自身的真如，看到心中的佛，自己超度自己守戒，才不算枉來一趟。既然都從遠方而來，共同聚會於此，都有共同的緣分。「今可各各胡跪，先為傳自性五分法身香，次授無相懺悔。」胡跪是胡人單膝跪下來的姿勢，總之矮了半截。現在各位分別以右膝著地跪下，我先為大家傳授自性五分法身香，然後再傳授無相懺悔法。

「眾胡跪。師曰：一、戒香，即自心中，無非、無惡、無嫉妒、無貪嗔、無劫害，名戒香。」眾人都右膝著地跪下，惠能說道：一、戒香，就是在自己心中沒有為非的意念，沒有邪惡的動機，沒有嫉妒的情緒，沒有貪欲與嗔怒，沒有劫奪傷害他人的想法。這就是戒香。「二、定香，即睹諸善惡境相，自心不亂，名定香。」定香就是看到各種善惡境相，不受染著，一心不亂。「三、慧香，自心無礙，常以智慧觀照自性，不造諸惡，雖修眾善，心不執著。敬上念下，矜恤孤貧，名慧香。」慧香就是自心坦蕩無礙，常用智慧觀照自性，不做任何壞事，雖然做許多好事，內心也不執著。尊敬長者，關懷幼小，同情救助孤單貧窮的人。「四、解脫香，即自心無所攀緣，不思善，不思惡，自在無礙，名解脫香。」解脫香就是自心不攀緣任何世相，不思善，不思惡，自由自在，無牽無掛。

「五、解脫知見香，自心既無所攀緣善惡，不可沉空守寂，即須廣學多聞，識自本心，達諸佛理，和光接物，無我無人，直至菩提，真性不易，名解脫知見香。」解脫知見香就是自心既不牽掛世間的因緣善惡，也不沉溺於空虛的境界，枯守寂滅；而必須廣泛學習多所見聞，認識自己的本心，通達各種佛說的義理，和光同塵，平易待人接物。沒有人我的區別，直到菩提覺悟的境界，保有佛性而永不改變。講的多好！《老子》：「挫其銳，解其紛，和其光，同其塵，湛兮似或存。」《易經》復卦開發自性，无妄遠離虛妄，大畜博學多聞，〈大象傳〉稱：「君子以多識前言往行，以畜其德。」

「善知識！此香各自內熏，莫向外覓。」各位施主！應該用上述的五分法身香修養內在心性，使香氣內熏，不要向外界尋覓佛法。艮卦止欲修行，第三爻：「艮其限，列其夤，厲熏心。」爻變是剝卦，有慾火燒心之苦，內薰則是以善法薰習。

今與汝等授無相懺悔，滅三世罪，令得三業清淨。善知識！各隨我語。一時道：弟子等，從前念、今念及後念，念念不被愚迷染，從前所有惡業愚迷等罪，悉皆懺悔，願一時消滅，永不復起。弟子等，從前念、今念及後念，念念不被憍誑染，從前所有惡業憍誑等罪，悉皆懺悔，願一時消滅，永不復起。弟子等，從前念、今念及後念，念念不被嫉妒染，從前所有惡業嫉妒等罪，悉皆懺悔，願一時消滅，永不復起。

善知識！以上是為無相懺悔。云何名懺？云何名悔？懺者，懺其前愆。從前所有惡業，愚迷、憍誑、嫉妒等罪，悉皆盡懺，永不復起，是名為懺。悔者，悔其後過。從今以後，所有惡業、愚迷、驕狂、嫉妒等罪，今已覺悟，悉皆永斷，更不復作，是名為悔。故稱懺悔。

凡夫愚迷，只知懺其前愆，不知悔其後過。以不悔故，前罪不滅，後過又生。前罪既不滅，後過復又生，何名懺悔？

「今與汝等授無相懺悔，滅三世罪，令得三業清淨。善知識！各隨我語。」三業是身、口、意所造的罪業。《華嚴經．普賢行願品》：「往昔所造諸惡業，皆由無始貪嗔癡。從身語意之所生，一切我今皆懺悔。」艮卦止欲修行，第四爻：「艮其身，無咎。」不造身業。第五爻：「艮其輔，言有序，悔亡。」不造口業。第二爻「其心不快」、第三爻「厲熏心」，不造意業。身、口、意三業，在所必戒。惠能接著說道：「現在我教你們無相懺悔法，消除過去、現在、未來三世所犯的罪過，使你們在行為、言語、思想方面做到三業清淨。各位施主！跟我一起念誦。」

「一時道：弟子等，從前念、今念及後念，念念不被愚迷染，從前所有惡業愚迷等罪，悉皆懺悔，願一時消滅，永不復起。弟子等，從前念、今念及後念，念念不被憍誑染，從前所有惡業憍誑等罪，悉皆懺悔。願一時消滅，永不復起。弟子等，從前念、今念及後念，念念不被嫉妒染，從前所有惡業嫉妒等罪，悉皆懺悔，願一時消滅，永不復起。」於是大家一起念道：我們這些佛門弟子，從過去、當前以及此後的心念，念念不受愚昧迷妄的汙染。從前所有因為愚昧迷妄所犯的罪過，全部懺悔，希望瞬間消除，永不再犯。我們這些佛門弟子，從過去、當前以及此後的心念，念念不受驕慢欺誑的汙染。從前所有因為驕慢欺誑所犯的罪過，全部懺悔，希望瞬間消除，永不再犯。我們這些佛門弟子，從過去、當前以及此後的心念，念念不受嫉妒的汙染。從前所有因為嫉妒所犯的罪過，全部懺悔，希望瞬間消除，永不再犯。

「善知識！以上是為無相懺悔。云何名懺？云何名悔？懺者，懺其前愆。從前所有惡業，愚迷、憍誑、嫉妒等罪，悉皆盡懺，永不復起，是名為懺。悔者，悔其後過。從今以後所有惡業，愚迷、驕狂、嫉妒等罪，今已覺悟，悉皆永斷，更不復作，是名為悔。故稱懺悔。」各位施主！以上所教的就是無相懺悔法。什麼叫懺？什麼叫悔？懺就是祈求寬恕從前所犯的罪過，從前造的所有惡業，包括愚昧迷妄、驕慢欺誑、嫉妒等罪過，全部懺悔，希望瞬間消除，永不再犯，這就叫懺。悔就是決心斷除以後的過錯，從今以後所有惡業，包括愚昧迷妄、驕慢欺誑、嫉妒等罪過，如今已經覺悟，全部永遠斷除，再不重犯，這就叫悔。合起來就稱懺悔。

「凡夫愚迷，只知懺其前愆，不知悔其後過。以不悔故，前罪不滅，後過又生。前罪既不滅，後過復又生，何名懺悔？」世俗之人愚昧迷妄，只知道祈求寬恕從前的過失，不知斷除以後的罪過。因為不思悔改，從前的罪過還沒滅除，後面的罪過又產生，既然如此，怎麼能叫懺悔呢？

善知識！既懺悔已，與善知識發四弘誓願。各須用心正聽：自心眾生無邊誓願度，自心煩惱無邊誓願斷，自性法門無盡誓願學，自性無上佛道誓願成。

善知識！大家豈不道眾生無邊誓願度？恁麼道，且不是惠能度。善知識！心中眾生，所謂邪迷心、誑妄心、不善心、嫉妒心、惡毒心，如是等心，盡是眾生，各須自性自度，是名真度。

何名自性自度？即自心中邪見、煩惱、愚癡眾生，將正見度。既有正見，使般若智打破愚癡迷妄眾生，各各自度。邪來正度，迷來悟度，愚來智度，惡來善度。如是度者，名為真度。

又煩惱無邊誓願斷，將自性般若智除卻虛妄思想心是也。又法門無盡誓願學，須自見性，常行正法，是名真學。又無上佛道誓願成，既常能下心，行於真正。離迷離覺，常生般若。除真除妄，即見佛性。即言下佛道成。常念修行，是願力法。

「善知識！既懺悔已，與善知識發四弘誓願。」四弘誓願，是眾生無邊誓願度，煩惱無邊誓願斷，法門無盡誓願學，無上佛道誓願成。惠能通通加上自心、自性，以顯其特色。要度眾生，眾生無窮無盡，怎麼度得完？既濟卦之後是未濟卦，已明示此理。〈雜卦傳〉最後八個卦闡明末世情懷：「大過，顛也：既濟，定也。歸妹，女之終也。未濟，男之窮也。夬，決也，剛決柔也，君子道長，小人道憂也。」人生願欲無窮，度不完仍得盡心盡力，以彰顯人道的價值。《詩經．小雅．車舝》：「高山仰止，景行行止，雖不能至，心嚮往之。」

「善知識！大家豈不道眾生無邊誓願度？恁麼道，且不是惠能度。」各位施主！大家不是說眾生無邊誓願度嗎？這麼說，並不是要惠能去度。「善知識！心中眾生，所謂邪迷心、誑妄心、不善心、嫉妒心、惡毒心，如是等心，盡是眾生，各須自性自度，是名真度。」各位施主！心中眾生是指邪僻迷惑之心、誑騙欺妄之心、不善之心、嫉妒之心、惡毒之心，以及類似的一些心念，都是眾生。各位必須憑藉自身佛性來度脫自己，才是真度脫。「何名自性自度？即自心中邪見、煩惱、愚癡眾生，將正見度。」什麼叫做憑藉自身佛性來度脫自己？就是說對心中的邪見、煩惱、愚癡之類的眾生，要用正見去度脫。「既有正見，使般若智打破愚癡迷妄眾生，各各自度。邪來正度，迷來悟度，愚來智度，惡來善度。如是度者，名為真度。」既然有了正見，就用般若智慧去打破愚癡、迷妄這些眾生的束縛，各人自己度脫自己。邪見產生時用佛的正見去度脫，迷惑產生時用佛性的開悟去度脫，愚癡產生時用佛的智慧去度脫，罪惡來時用善念去度脫。只有這種度脫才是真度脫。

「又煩惱無邊誓願斷，將自性般若智除卻虛妄思想心是也。又法門無盡誓願學，須自見性，常行正法，是名真學。」大家又說煩惱無邊誓願斷，就是要用自性中本有的般若智慧，除掉各種虛妄的心念意識。大家又說法門無盡誓願學，這就必須認識自身佛性，永遠奉行真正的佛法，才是真實學問。「又無上佛道誓願成，既常能下心，行於真正。離迷離覺，常生般若。」大家又說無上佛道誓願成，這就得常行恭敬謙卑的心，行於正道，合於真理。超越迷惑與覺醒兩端，常常生出般若智慧。「除真除妄，即見佛性。即言下佛道成。常念修行，是願力法。」能夠超越真實與虛妄的兩端之見，就能立即見到佛性，當下成就佛道。經常記住遵照四弘願修行，這就是以願力修佛的方法。《維摩詰經．不二法門品》：「實、不實為二。實見者尚不見實，何況非實？所以者何？非肉眼所見，慧眼乃能見。而此慧眼，無見無不見，是為入不二法門。」高宗跟鬼方沒有什麼差別。不著有，不著空，不著真，不著妄，兩端皆不執著。人的自性中蘊含無窮無盡的法門，所以要度煩惱度眾生，自性自度都得這樣，一切不假外求，求諸本心。既濟卦第三爻：「高宗伐鬼方，三年克之。」〈小象傳〉：「憊也。」自以為是的兩極對立，疲憊不堪，永遠解決不了世間的爭端。未濟卦第四爻：「震用伐鬼方，三年有賞于大國。」〈小象傳〉：「志行也。」泯除掉兩極對立，高宗與鬼方都是眾生，互相尊重一視同仁，才能徹底解決為善去惡的問題。〈說卦傳〉：「帝出乎震……萬物出乎震。」震卦中心有主，自性自度，不假外求。

善知識！今發四弘願了，更與善知識授無相三歸依戒。善知識！歸依覺，兩足尊；歸依正，離欲尊；歸依淨，眾中尊。從今日去，稱覺為師，更不歸依邪魔外道。以自性三寶常自證明。勸善知識，歸依自性三寶。佛者，覺也；法者，正也；僧者，淨也。自心歸依覺，邪迷不生，少欲知足，能離財色，名兩足尊。自心歸依正，念念無邪見。以無邪見故，即無人我，貢高、貪愛、執著，名離欲尊。自心歸依淨，一切塵勞、愛欲境界，自性皆不染著，名眾中尊。若修此行，是自歸依。

凡夫不會，從日至夜，受三歸戒。若言歸依佛，佛在何處？若不見佛，憑何所歸？言卻成妄。善知識！各自觀察，莫錯用心。經文分明言自歸依佛，不言歸依他佛。自佛不歸，無所依處。今既自悟，各須歸依自心三寶。內調心性，外敬他人，是自歸依也。

「善知識！今發四弘願了，更與善知識授無相三歸依戒。」各位施主！現在已經立下四弘願了，再為各位傳授無相三歸依戒。無相指真如佛性，三歸依是歸依佛、法、僧三寶。自性三寶才是究竟，歸依自性佛、自性法、自性僧。一般人都要歸依僧；一想到法，要有《大藏經》；一講到佛，就是阿彌陀佛或釋迦牟尼佛，這都著相。其實佛就是覺，自覺覺人，覺行圓滿，歸依覺就好。《易經》中有那些願？履卦初爻：「素履，往無咎。」〈小象傳〉：「獨行願也。」如果修成，上爻：「視履考祥，其旋元吉。」〈小象傳〉：「大有慶也。」慶是皆大歡喜，從獨行到大有，正是眾生無邊誓願度。履之後為泰卦，第四爻：「不戒以孚。」〈小象傳〉：「中心願也。」第五爻：「以祉元吉。」〈小象傳〉：「中以行願也。」從心願到行願，為萬世開太平。漸卦第五爻：「終莫之勝，吉。」〈小象傳〉：「得所願也。」循序漸進，終於登峰造極得償所願。中孚卦第二爻：「鳴鶴在陰，其子和之。」〈小象傳〉：「中心願也。」愛顧眾生，出自至誠。

「善知識！歸依覺，兩足尊；歸依正，離欲尊；歸依淨，眾中尊。從今日去，稱覺為師，更不歸依邪魔外道。以自性三寶常自證明。勸善知識，歸依自性三寶。」兩足尊本義指人，為佛的尊號。或以戒、定功德為二足，或以福、慧具備為二足，皆可通。各位施主！歸依於覺，就能成為福慧雙足、功德圓滿的人間至尊。歸依正法，就能成為超脫欲望煩惱的至尊。歸依清淨，就能成為受人崇敬的至尊。從今往後，要以心中的覺悟為師，不再歸依其他邪魔外道，用自性中本來具有的三寶去證得佛性。奉勸各位施主皈依自性中本有的佛、法、僧三寶。《壇經．般若品》：「三世諸佛，十二部經，在人性中本自具有」，「若自悟者，不假外求。」

「佛者，覺也；法者，正也；僧者，淨也。」所謂自性中的佛，就是覺悟；自性中的法，就是正道正念；自性中的僧，就是清淨。「自心歸依覺，邪迷不生，少欲知足，能離財色，名兩足尊。自心歸依正，念念無邪見。以無邪見故，即無人我，貢高、貪愛、執著，名離欲尊。自心歸依淨，一切塵勞、愛欲境界，自性皆不染著，名眾中尊。若修此行，是自歸依。」自心歸依淨覺悟，就不會有邪見跟迷妄，慾望少而知足，超脫財富與色相，稱兩足尊。自心歸依正道，每一心念都無邪見。因為沒有邪見，就沒有人我區隔，沒有傲慢自大的惡習，沒有貪愛執著，稱離欲尊。自心歸依清淨，任何塵世煩惱與貪愛的境相，都不會汙染本性。稱眾中尊。若照此修行，就是皈依自己本性。

「凡夫不會，從日至夜，受三歸戒。」一般凡夫俗子沒有辦法體會，一天到晚拜廟，說他受三歸戒了。「若言歸依佛，佛在何處？若不見佛，憑何所歸？言卻成妄。善知識！各自觀察，莫錯用心。」如果說歸依佛，佛在哪裡？若是見不到佛，向誰歸依？這不是虛妄的假話嗎？各位施主！各自用心觀察，莫錯用了心思。「經文分明言自歸依佛，不言歸依他佛。自佛不歸，無所依處。今既自悟，各須歸依自心三寶。內調心性，外敬他人。是自歸依也。」《華嚴經・淨行品》：「自歸於佛，當願眾生，紹隆佛種，發無上意。」經文上寫的明明白白，是自歸依佛，沒說歸依其他佛。不歸依自己心中的佛，就沒有歸依處。現在既然已經自己了悟，大家都要歸依自性中的三寶，對內調整自己的心性，對外尊敬他人，這才是自歸依啊！

佛教講涅槃四德：「常、樂、我、淨。」我是真我、大我，不是假我、小我。「無我相」的我則指小我、假我。《易經》蒙卦卦辭：「匪我求童蒙，童蒙求我。」觀卦第五爻：「觀我生，君子無咎。」我都指大我、真我。這種見識跟西方基督教完全不同，眾生皆有佛性，理論上皆可修成佛道。西方宗教可以講人人靠著苦修能成為上帝嗎？絕對不可能！《孟子．告子篇》：「人人皆可為堯舜。」〈滕文公篇〉記顏淵曰：「舜何？人也；予何？人也；有為者亦若是。」《春秋》太平世講「人人皆有士君子之行」。《易經》同人、大有二卦一體相綜，只要同樣是人，理應大家都有，《禮運大同》的理念由此而來。

下面講到三身四智，這是唯識學的概念。三身是清淨法身、圓滿報身、千百億化身。最根本的叫法身，無形無相，不生不滅，自性清淨，成就一切功德。報身指以法身為因，經修習而得的佛果之身。化身則是佛菩薩為了度化眾生，所變出的種種形相之身。從六祖的觀點來講，全部緣於自性。

我們占過三身為何？清淨法身是隨卦，第四、第五爻動，齊變有復卦的象。隨卦卦辭：「元亨利貞，無咎。」第五爻：「孚于嘉，吉。」〈小象傳〉：「位正中也。」第四爻：「有孚，在道，以明。」隨時變化，復見天地之心。圓滿報身為坤卦第五爻：「黃裳元吉。」〈小象傳〉：「文在中也。」坤卦是廣土眾民，具體落實，清淨法身看不見，圓滿報身則現出很美的形象。千百億化身是賁卦初爻：「賁其趾，舍車而徒。」爻變為艮卦。賁是重重色相，初爻受生立足，各自展現生命特色。

善知識！既歸依三寶竟，各各志心，吾與說一體三身自性佛，令汝等見三身，了然自悟自性。總隨我道：「於自色身歸依清淨法身佛，於自色身歸依圓滿報身佛，於自色身歸依千百億化身佛。」

善知識！色身是舍宅，不可言歸。向者三身佛，在自性中，世人總有，為自性迷，不見內性，外覓三身如來，不見自身中就有三身佛。汝等聽說，今汝等於自身中見自性有三身佛。此三身佛，從自性生，不從外得。

何名清淨法身佛？世人性本清淨，萬法從自性生，思量一切惡事，即生惡行。思量一切善事，即生善行。如是諸法在自性中。如天常清，日月常明，為浮雲蓋覆，上明下暗，忽遇風吹雲散，上下俱明，萬象皆現。世人性常浮游，如彼天雲。

善知識！智如日，慧如月。智慧常明，於外著境，被妄念浮雲蓋覆，自性不得明朗。若遇善知識，聞真正法，自除迷妄，內外明徹，於自性中萬法皆現。見性之人，亦復如是。此名清淨法身佛。

善知識！自心歸依自性，是歸依真佛。自歸依者，除卻自性中不善心、嫉妒心、諂曲心、吾我心、誑妄心、輕人心、慢他心、邪見心、貢高心，及一切時中不善之行，常自見己過，不說他人好惡，是自歸依。常須下心，普行恭敬，即是見性通達，更無滯礙，是自歸依。

「善知識！既歸依三寶竟，各各志心，吾與說一體三身自性佛，令汝等見三身，了然自悟自性。總隨我道：『於自色身歸依清淨法身佛，於自色身歸依圓滿報身佛，於自色身歸依千百億化身佛。』」各位施主！既然已經歸依了自性中的佛、法、僧三寶，大家都要專心聽好，我來講說一體三身自性佛，讓你們認識佛的三身，徹底了悟自身中的佛性。大家跟我一起念：「用自己的有形色身歸依真如清淨的法身佛，用自己的有形色身歸依功德圓滿的報身佛，用自己的有形色身歸依千百億的化身佛。」《梵網經》稱：「一花百億國，一國一釋迦」，「千百億釋迦，各接微塵眾。」

「善知識！色身是舍宅，不可言歸。」各位施主！人的有形色身就像暫時居住的房舍，不能說歸依，要歸依色身裡面的三身，歸依自性。天地逆旅，百代過客。旅卦象徵人生旅程，第二爻「旅即次」，第三爻「旅焚其次」；第四爻「旅于處」，上爻「鳥焚其巢」，甚麼也留不下來。「向者三身佛，在自性中，世人總有，為自性迷，不見內性，外覓三身如來，不見自身中就有三身佛。汝等聽說，今汝等於自身中見自性有三身佛。此三身佛，從自性生，不從外得。」剛才我所講的三身佛，都在人的自性中，世間人人都有。只因心地迷惑，未能體悟自性。故而向外尋覓三身佛，而看不到自己本性中就有。你們聽我說，我要讓你們在自身中見到自性本來具有的三身佛。這三身佛是從自性中產生，不是外求可得。

「何名清淨法身佛？世人性本清淨，萬法從自性生。思量一切惡事，即生惡行。思量一切善事，即生善行。如是諸法在自性中。如天常清，日月常明，為浮雲蓋覆，上明下暗，忽遇風吹雲散，上下俱明，萬象皆現。世人性常浮游，如彼天雲。」甚麼叫做清淨法身佛？世人自身具有的佛性本來清淨無染，萬物萬相都從這佛性中產生。思量一切罪惡的事，就會產生罪惡的行為；思量一切善良的事，就會產生善良的行為。世上萬物萬相都存在自性中，猶如天空常清日月常明，只是被浮雲一時覆蓋，天上明亮而地下昏暗。若是風吹雲散，上下即一片明亮，人間萬象盡皆顯現。世人心性常浮游不定，就像天上常有浮雲一樣。小畜卦卦辭：「密雲不雨，自我西郊。」〈彖傳〉：「施未行也。」初爻：「復自道。」〈小象傳〉：「其義吉也。」第二爻：「牽復，吉。」〈小象傳〉：「牽復在中，亦不自失也。」下一卦是履卦，主於復而行。風吹雲散，得復自性而見光明，〈彖傳〉稱：「剛中正，履帝位而不疚，光明也。」屯卦新生清新，後接蒙卦，習氣汙染，必須啟蒙以恢復自性。

「善知識！智如日，慧如月。智慧常明，於外著境，被妄念浮雲蓋覆，自性不得明朗。若遇善知識，聞真正法，自除迷妄，內外明徹，於自性中萬法皆現。見性之人，亦復如是。此名清淨法身佛。」各位施主！智如太陽，慧如月亮，般若智慧永遠是明亮的，只因貪著外境，被邪見煩惱的浮雲覆蓋，自性不得明朗。若遇高人得聞真正的佛法，自己掃除心中的迷妄，內外一片光明澄澈，在自性中顯現宇宙萬象。悟見自己本性的人也是如此，這就叫清淨法身佛。晉卦〈大象傳〉：「君子以自昭明德。」第二爻：「晉如愁如，貞吉。受茲介福，于其王母。」爻變是未濟卦，全靠自己過不了河，得親近善知識，由師父引領過河。

「善知識！自心歸依自性，是歸依真佛。自歸依者，除卻自性中不善心、嫉妒心、諂曲心、吾我心、誑妄心、輕人心、慢他心、邪見心、貢高心，及一切時中不善之行，常自見己過，不說他人好惡，是自歸依。常須下心，普行恭敬，即是見性通達，更無滯礙，是自歸依。」各位施主！自心歸依於自己本性，就是歸依真正的佛。歸依自己本性的人，得除掉自性中的不善之心、嫉妒之心、諂曲之心、執著自我之心、欺誑虛妄之心、輕視旁人之心、怠慢他人之心、邪見之心、驕傲自大之心，以及任何時候一切不善的行為。經常反省自己的過錯，不說他人的是非善惡，這才是歸依自己的本性。時常要有謙下之心，對所有人保持恭敬的態度，這便是悟見了自己本性，通達佛理再無障礙，這就是皈依自己的本性。

何名圓滿報身？譬如一燈能除千年暗，一智能滅萬年愚。莫思向前，已過不可得。常思於後，念念圓明，自見本性。善惡雖殊，本性無二，無二之性，名為實性，於實性中，不染善惡，此名圓滿報身佛。自性起一念惡，滅萬劫善因。自性起一念善，得恆沙惡盡，直至無上菩提。念念自見，不失本念，名為報身。

何名千百億化身？若不思萬法，性本如空，一念思量，名為變化。思量惡事，化為地獄；思量善事，化為天堂。毒害化為龍蛇，慈悲化為菩薩。智慧化為上界，愚癡化為下方。自性變化甚多，迷人不能省覺，念念起惡，常行惡道。回一念善，智慧即生，此名自性化身佛。

善知識！法身本具，念念自性自見，即是報身佛。從報身思量，即是化身佛。自悟自修自性功德，是真歸依。皮肉是色身，色身是宅舍，不言歸依也。但悟自性三身，即識自性佛。

「何名圓滿報身？譬如一燈能除千年暗，一智能滅萬年愚。」《華嚴經．入法界品》：「譬如一燈入於暗室，百千年暗悉能破盡。」金庸小說《射鵰英雄傳》裡的一燈大師，大理國的段皇爺出家，典出於此。一非數量詞，為整體圓滿之義。一時佛在舍利國，道生一，萬法歸一。一智指一切種智。甚麼叫圓滿報身佛呢？這就像一盞佛燈可以照破千年迷暗，佛的智慧能夠斷除萬年的愚癡。明夷卦第五爻，爻辭：「箕子之明夷，利貞。」〈小象傳〉：「明不可息也。」熬過最黑暗時期，爻變成既濟卦，安渡彼岸。「我有明珠一顆，久經塵勞關鎖，而今塵淨光生，照破山河萬朵。」

「莫思向前，已過不可得。常思於後，念念圓明，自見本性。善惡雖殊，本性無二，無二之性，名為實性，於實性中，不染善惡，此名圓滿報身佛。自性起一念惡，滅萬劫善因。自性起一念善，得恆沙惡盡，直至無上菩提。念念自見，不失本念，名為報身。」不要再多想從前的事，已經過去的不可再得。經常要思考未來怎麼辦，每一心念都要證得真如的圓融明徹，就能體悟到自己的本性。善惡的表相雖不同，其內在本性並無區別。這種無區別的本性稱為實性，實性不沾染世間善惡，這就叫圓滿報身佛。內心若升起一惡念，萬劫修行種下的善因全部毀滅，內心若升起一善念，過去犯的如恆河沙數的眾多罪業也全部消除，直到獲得至高無上的菩提覺悟。每一瞬間的心念都不失本性，就叫報身佛。

「何名千百億化身？若不思萬法，性本如空，一念思量，名為變化。」。甚麼叫千百億化身？倘若不思量執著世間萬法，性本虛空，因為起了念，就產生千變萬化。「思量惡事，化為地獄；思量善事，化為天堂。」所以我們每天的起心動念，常常在天堂地獄來來去去。「毒害化為龍蛇，慈悲化為菩薩。智慧化為上界，愚癡化為下方。」若生起毒害之心，自性就會化出龍蛇以勸告之。若起慈悲之心，自性就會顯現菩薩相以引導之。若有般若智慧，自性顯示上界諸天形象；若是沉湎愚癡，自性就顯示下界三惡道的形象。「自性變化甚多，迷人不能省覺，念念起惡，常行惡道。回一念善，智慧即生。此名自性化身佛。」自性變化的形態很多，迷惑的人不能省察覺悟，不斷生起邪念，常在惡道中輪迴。只要一念之間回心向善，就會生出般若智慧，這叫自性化身佛。復卦象徵自性，後接无妄卦，起心動念真能化生萬象。〈大象傳〉稱：「天下雷行，物與无妄，先王以茂對時，育萬物。」

「善知識！法身本具，念念自性自見，即是報身佛。從報身思量，即是化身佛。自悟自修自性功德，是真歸依。皮肉是色身，色身是宅舍，不言歸依也。但悟自性三身，即識自性佛。」各位施主！法身是每個人本來具有的，每一起心動念都能體會到自性，就是報身佛。從報身產生心念，就是化身佛。自己體悟修行以證得自性功德，這就是真正的歸依。人的血肉之軀是色身，色身只是暫時居住的房舍，不能說歸依色身。只要領悟了自性中的法身、報身、化身，就認識了自己本性中的佛。

吾有一〈無相頌〉，若能誦持，言下令汝積劫迷罪，一時消滅。頌曰：

迷人修福不修道，只言修福便是道。布施供養福無邊，心中三惡元來造。

擬將修福欲滅罪，後世得福罪還在。但向心中除罪緣，各自性中真懺悔。

忽悟大乘真懺悔，除邪行正即無罪。學道常於自性觀，即與諸佛同一類。

吾祖唯傳此頓法，普願見性同一體，若欲當來覓法身，離諸法相心中洗。

努力自見莫悠悠，後念忽絕一世休。若悟大乘得見性，虔恭合掌至心求。

師言：「善知識！總須誦取，依此修行，言下見性。雖去吾千里，如常在吾邊。於此言下不悟，即對面千里。何勤遠來？珍重好去。」

一眾聞法，靡不開悟，歡喜奉行。

我有一首〈無相頌〉，各位若能誦持，當下就能將累生累世所積的迷妄之罪完全解消。這首偈頌說道：「迷人修福不修道，只言修福便是道。布施供養福無邊，心中三惡元來造。」迷惑的人只求福報不修道，卻說修福便是佛道。儘管多所布施供養，心中的貪嗔癡三種惡念依然繼續造作。《壇經．疑問品》：「功德在法身中，不在修福。」「擬將修福欲滅罪，後世得福罪還在。但向心中除罪緣，各自性中真懺悔。忽悟大乘真懺悔，除邪行正即無罪。學道常於自性觀，即與諸佛同一類。」想用布施求福來消除罪惡，後世雖得福報罪業仍然還在。只要從心中清除罪業的根由，那就是在自性中真正的懺悔。一旦徹悟大乘真正的懺悔，除去邪念履行正道就能無罪。學習佛道要經常觀察自性，覺悟後就跟諸佛同一類。《孟子．告子篇》：「聖人與我同類者。」〈公孫丑篇〉：「聖人之於民，亦類也。出於其類，拔乎其萃。」同人卦〈大象傳〉：「君子以類族辨物。」〈繫辭傳〉首章：「方以類聚，物以群分，吉凶生矣！」乾卦〈文言傳〉：「同聲相應，同氣相求……則各從其類也。」坤卦〈彖傳〉：「西南得朋，乃與類行。」「吾祖唯傳此頓法，普願見性同一體，若欲當來覓法身，離諸法相心中洗。」五祖向我傳授這頓悟法門，普願天下眾生一起悟見佛性，如果想當下覓得法身，就得從心中洗去世間諸相。《壇經．般若品》：「我於忍和尚處，一聞言下便悟，頓見真如本性」，「是以將此教法流行，令學道者頓悟菩提，各自觀心，自見本性。」與此同意。

「努力自見莫悠悠，後念忽絕一世休。若悟大乘得見性，虔恭合掌至心求。」努力修行自性，莫讓歲月空度，一旦大限來時萬事皆休。若要悟得大乘佛法見自性，必須謙恭虔誠用心追求。師言：「善知識！總須誦取，依此修行，言下見性。雖去吾千里，如常在吾邊。於此言下不悟，即對面千里。何勤遠來？珍重好去。」惠能說道：各位施主！大家都要誦唸這首〈無相頌〉，依照修行，當下便悟本性。若能如此，即使與我相距千里，就好像在我身邊一樣。如果誦念之後還是不懂，即使面對面也像相隔千里。何必辛苦遠道而來？各位自己珍重，回去吧！「一眾聞法，靡不開悟，歡喜奉行。」這是做文章，全部開悟且遵照奉行，談何容易啊？我不相信，沒有的事。

機緣品第七

人生際遇，稍縱即逝。《易經》重機，佛教講緣，合起來叫機緣。姤卦講不期而遇，第五爻爻辭：「以杞包瓜，含章，有隕自天。」人生機緣成熟，一剎那間可能徹底改變命運。當年六祖惠能碰到三個客人，於是就上黃梅，親近了五祖，整個中國佛教史都為之改寫。他聽到《金剛經》，心裡明亮，也是「姤之時義大矣哉！」後來千辛萬苦，證成佛道，開始傳法。六祖除了自身成就之外，確實也調教出許多人才，比神秀的北宗強太多，統計過有四十三位。孔老夫子三千弟子，只出現七十二賢，按比例不如惠能。本品講了十三個案例，都很精彩。

十三位形形色色，都從六祖門下得道，六祖因機點化。他們很多都非常熟悉佛教某一部經典，誦讀幾千遍的大有人在。頌讀跟修持是兩回事，會背了也不一定真懂。六祖不識字，一部也沒看，卻能做這些人的老師。徒眾提出問題，見招拆招，因時因地制宜，圓融無礙，令人佩服。

師自黃梅得法，回至韶州曹侯村，人無知者。時有儒士劉志略，禮遇甚厚。志略有姑為尼，名無盡藏，常誦《大涅槃經》。師暫聽，即知妙義，遂為解說。尼乃執卷問字，師曰：「字即不識，義即請問。」

尼曰：「字尚不識，焉能會義？」

師曰：「諸佛妙理，非關文字。」

尼驚異之，遍告里中耆德云：「此是有道之士，宜請供養。」有魏武侯玄孫曹叔良及居民，競來瞻禮。時寶林古寺自隋末兵火已廢，遂於故基重建梵宇，延師居之，俄成寶坊。

師住九月餘日，又為惡黨尋逐，師乃遁於前山。被其縱火焚草木，師隱身挨入石中得免。石今有師趺坐膝痕，及衣布之紋，因名避難石。師憶五祖「懷會止藏」之囑，遂行隱於二邑焉。

「師自黃梅得法，回至韶州曹侯村，人無知者。時有儒士劉志略，禮遇甚厚。」六祖在黃梅得法後，被人追殺，一路往南逃到韶州曹侯村，沒有人知道他是誰。《壇經》上沒講，如果照《曹溪大師別傳》，劉志略跟惠能是拜把兄弟。如果這樣，六祖可真不簡單，一方面可以在獵人群中，天天殺生的場合裡混那麼久，居然還跟人家稱兄道弟，有江湖豪氣，生存能力很強。「志略有姑為尼，名無盡藏，常誦《大涅槃經》。師暫聽，即知妙義，遂為解說。」這是超強的不學而能，坤卦第二爻：「直方大，不習無不利。」〈小象傳〉稱：「地道光也。」尼乃執卷問字，師曰：「字即不識，義即請問。」不識字，卻瞭解裡面的道理。尼曰：「字尚不識，焉能會義？」師曰：「諸佛妙理，非關文字。」尼驚異之，遍告里中耆德云：「此是有道之士，宜請供養。」精妙的佛理超脫文字，可用生命直接體驗。〈繫辭傳〉記子曰：「書不盡言，言不盡意，然則聖人之意其不可見乎？」得意忘象，得象忘言才是高慧境界。

「有魏武侯玄孫曹叔良及居民，競來瞻禮。時寶林古寺自隋末兵火已廢，遂於故基重建梵宇，延師居之，俄成寶坊。」村中有位叫曹叔良的人，是三國時魏武帝曹操的後裔，他和許多村民一起前來瞻仰，向惠能致敬。當地的寶林古寺，自從隋朝末年戰亂被燒毀後一直沒有修復，大家發心在舊的基礎上重新建起廟宇，請大師住持，沒多久就成了宣揚佛法的寶剎。弘法的歲月沒多久，才九個多月，禍患又至。「師住九月餘日，又為惡黨尋逐，師乃遁於前山。被其縱火焚草木，師隱身挨入石中得免。」惠能躲入前山之中，那幫惡徒抓不到他，放火焚燒山上草木。為了搶奪衣缽，佛門中人買凶殺人放火，可能殃及無辜，這是甚麼行徑？惠能藏身於石壁縫隙中才躲過這場災難。「石今有師趺坐膝痕，及衣布之紋，因名避難石。」那塊石頭上都還留下了惠能打坐的痕跡，以及所穿布衣的摺紋，人們稱之避難石。惠能想起五祖「懷會止藏」的囑咐，就在懷集與四會二城之間徹底隱居。這一隱遁，十五年後才出來，時機未至，沒法強求。

僧法海，韶州曲江人也，初參祖師。問曰：「即心即佛，願垂指諭。」師曰：「前念不生即心，後念不滅即佛。成一切相即心，離一切相即佛。吾若具說，窮劫不盡。」聽吾偈曰：

即心名慧，即佛乃定。定慧等持，意中清淨。悟此法門，由汝習性。用本無生，雙修是正。

法海言下大悟，以偈贊曰：

即心元是佛，不悟而自屈。我知定慧因，雙修離諸物。

僧人法海是韶州曲江人，初次參見惠能大師時，問道：「心就是佛，怎麼理解？請大師給予指示教誨。」法海是《壇經》最初的編撰者。師曰：「前念不生即心，後念不滅即佛。成一切相即心，離一切相即佛。吾若具說，窮劫不盡。」惠能回答說：心是本體，不生不滅，佛是離念離相，不受外面世相干擾誤導，直探真元。前念不生是真心本體，後念不滅是真心大用。一切萬象唯心所造，離一切相直證真如就是佛。這話說起來簡單，如果要具體詳細說明，永遠也講不完。

聽吾偈曰：「即心名慧，即佛乃定。定慧等持，意中清淨。悟此法門，由汝習性。用本無生，雙修是正。」人心中本有般若智慧，發揚自性就能進入禪定，禪定與智慧二者同修，本心中自然一片清淨。體會這種頓悟法門，還要稱性起修，順著各人不同的習性去修，才易有所成就。所謂八萬四千方便法門，無須一致。觀卦中因時位有異，修習的方法就不同。童觀、闚觀、觀小我之生、觀國之光、觀大我之生、觀其生，正是〈大象傳〉所稱：「風行地上，先王以省方觀民設教。」自性起用本是無生無滅，定慧雙修是成佛的正道。

法海當下大徹大悟，以偈讚頌道：「自心本來是佛，不悟本性真如，往外尋覓而屈辱了自佛。我今天明白了成佛的因由，今後定慧雙修超脫諸外境的干擾。」

僧法達，洪州人。七歲出家，常誦《法華經》。來禮祖師，頭不至地。祖訶曰：「禮不投地，何如不禮！汝心中必有一物，蘊習何事耶？」曰：「念《法華經》已及三千部。」祖曰：「汝若念至萬部，得其經意，不以為勝，則與吾偕行。汝今負此事業，都不知過。」聽吾偈曰：

「禮本折慢幢，頭奚不至地？有我罪即生，忘功福無比。」

師又曰：「汝名什麼？」曰：「法達。」，師曰：「汝名法達，何曾達法？」復說偈曰：汝今名法達，勤誦未休歇。空誦但循聲。明心號菩薩。汝今有緣故，吾今為

汝說。但信佛無言，蓮花從口發。

僧人法達是江西洪州人，七歲出家，所謂童真入道，經常誦讀《妙法蓮華經》。來參拜六祖，叩首而頭不著地。其實佛即自性，禮佛不是崇拜偶像，而是崇尚真理尊重自我。六祖立刻斥責：行叩拜之禮卻頭不著地，還不如不行禮。你心中必有某種想法，平素修習些什麼呢？法達回答誦讀《法華經》已經三千遍了！六祖說道：你若是誦念一萬遍，真懂了經文的旨意，而不驕傲自滿，就可以跟我一道修習佛法。你辜負了這個志業，不知道自己的罪過。你且聽我的偈頌吧！

「禮本折慢幢，頭奚不至地？有我罪即生，忘功福無比。」禮的作用是要克服傲慢心，既然叩首，為何頭不著地？心中執著我見，即生種種罪業，要忘掉所立的功德才獲無比的福報。幢是高聳的旗杆，西藏很多。驕傲的心像高聳的旗幟一樣飄揚，就遮住了我們的真心。大師又問：你叫什麼名字？回答：「法達。」大師說：「你叫法達，何曾通達佛法？」又口唸偈頌道：「汝今名法達，勤誦未休歇。空誦但循聲。明心號菩薩。汝今有緣故，吾今為汝說。但信佛無言，蓮花從口發。」你的名字叫法達，勤於誦經無止息，那只是循聲誦讀而已，並沒讀進心裡，只有明心見性才能稱為菩薩。今天你我有緣，我為你講說佛法。只要深信佛法在心，不假言語，就會有清淨蓮花從口而發。《法華經．方便品》稱：「是法不可示，言辭相寂滅。」

達聞偈，悔謝曰：「而今而後，當謙恭一切。弟子誦《法華經》未解經義，心常有疑。和尚智慧廣大，願略說經中義理。」

師曰：「法達！法即甚達，汝心不達。經本無疑，汝心自疑。汝念此經，以何為宗？」

達曰：「學人根性暗鈍，從來但依文誦念，豈知宗趣？」

師曰：「吾不識文字，汝試取經誦一遍，吾當為汝解說。」

法達即高聲念經，至〈譬喻品〉，師曰：「止！此經元來以因緣出世為宗，縱說多種譬喻，亦無越於此。何者因緣？經云：『諸佛世尊，唯以一大事因緣故出現於世。』一大事者，佛之知見也。世人外迷著相，內迷著空。若能於相離相，於空離空，即是內外不迷。若悟此法，一念心開，是為開佛知見。」

法達聽了偈頌，懺悔認錯說：「從今以後，任何時候我都會謙虛恭敬。弟子我誦念《法華經》，未能理解經中義理，心裡常有疑惑。大師智慧廣大無邊，請你為我簡略說說經文中的義理。」

大師說：「法達！佛法本身通達無礙，只是你心中沒有領悟。經文教義本無疑問，是你心中自有疑問。你誦念這部經，知道宗旨是甚麼嗎？」法達說：「學生根器遲鈍，從來都是依照文字誦念，哪裡知道經的宗旨？」大師說：「我不認識字，你取經書朗誦一遍，我來為你解說義理。」法達高聲念經，到〈譬喻品〉時，大師說停！《法華經》有二十八品，〈譬喻品〉是第三品，才九分之一不到，惠能已經知道全經宗旨了。「這部經原來是以佛祖出世因緣為宗旨，儘管說了許多譬喻，也沒有超越這個宗旨。甚麼因緣呢？」〈方便品第二〉：「諸佛世尊，唯以一大事因緣故出現於世。」「一大事者，佛之知見也。世人外迷著相，內迷著空。若能於相離相，於空離空，即是內外不迷。若悟此法，一念心開，是為開佛知見。」這件大事就是啟示世人覺悟，使世人獲得佛的智慧。世俗之人外則執著物相，內則迷惑於空寂。若能看到外在物相又不執著，面對佛性空寂又不執著空寂，就是內外都不迷惑。若能領悟此法，就會一念之間豁然開悟，這就是開啟了佛的智慧。〈方便品〉稱：「如來知見，廣大深遠，無量無礙，力無所畏，禪定解脫三昧，深入無際，成就一切未曾有法。」

「佛猶覺也，分為四門：開覺知見，示覺知見，悟覺知見，入覺知見。若聞開示，便能悟入，即覺知見，本來真性而得出現。汝慎勿錯解經意，見他道開示悟入，自是佛之知見，我輩無分。若作此解，即是謗經毀佛也。彼既是佛，已具知見，何用更開？汝今當信佛知見者，只汝自心，更無別佛。蓋為一切眾生，自蔽光明，貪愛塵境，外緣內擾，甘受驅馳。便勞他世尊，從三昧起，種種苦口，勸令寢息，莫向外求，與佛無二，故云開佛知見。吾亦勸一切人，於自心中，常開佛之知見。世人心邪，愚迷造罪，口善心惡，貪嗔嫉妒，諂佞我慢，侵人害物，自開眾生知見。若能正心，常生智慧。觀照自心，止惡行善，是自開佛之知見。

汝須念念開佛知見，勿開眾生知見。開佛知見，即是出世。開眾生知見，即是世間。汝若但勞勞執念，以為功課者，何異犛牛愛尾？」

「佛猶覺也，分為四門：開覺知見，示覺知見，悟覺知見，入覺知見。」開示悟入，這是四門。佛就是覺悟的智者，覺悟的過程分為四個次第：開啟佛的知見，顯示佛的知見，悟得佛的知見，進入佛的知見。開就是開如來藏，見實相之理；示是使佛的知見顯示分明；悟是排除障蔽得悟佛法；入是自在無礙，斷盡無明，乃入佛知見。「若聞開示，便能悟入，即覺知見，本來真性而得出現。」若是聽懂開示，便能徹悟而進入其內，這就證得佛的智慧，自己本來具有的佛性得以顯現。「汝慎勿錯解經意，見他道開示悟入，自是佛之知見，我輩無分。若作此解，即是謗經毀佛也。」你千萬不要誤解經文的意思，見他說開示悟入，認為是佛陀的智慧，與我們無關。若是這樣理解，就是誹謗佛經，詆毀佛陀。「彼既是佛，已具知見，何用更開？

汝今當信佛知見者，只汝自心，更無別佛。」佛陀既已成佛，已經具備了佛的智慧，他還要開示悟入幹什麼？你現在應該相信，佛的智慧就在你的心中，此外再沒有別的佛了。「蓋為一切眾生，自蔽光明，貪愛塵境，外緣內擾，甘受驅馳。便勞他世尊，從三昧起，種種苦口，勸令寢息，莫向外求，與佛無二，故云開佛知見。」只是因為一切眾生自己遮蔽了光明的本性，貪戀塵俗的各種境相，外面有種種染著，內則有煩惱干擾，甘心情願奔波追逐欲望的滿足。所以有勞佛祖世尊從三昧禪定中起來，用各種方法苦口婆心勸誡世人停止向外追求。如果做到了，就跟佛並無二致，所以稱開啟佛的智慧。《法華經．方便品》：「爾時世尊從三昧安詳而起，告舍利弗。」

「吾亦勸一切人，於自心中，常開佛之知見。世人心邪，愚迷造罪，口善心惡，貪嗔嫉妒，諂佞我慢，侵人害物，自開眾生知見。」我也要規勸一切世人，要在自心中經常開啟佛的智慧。世人心念不正，愚昧迷妄造作罪過，口說善言，心存惡念，貪婪嗔怒嫉妒他人，諂媚逢迎，傲慢自負，傷人害物，自己開啟世俗眾生的見識。「若能正心，常生智慧。觀照自心，止惡行善，是自開佛之知見。」惠能不是童真入道，人生歷練很豐富，在獵人堆中一待十五年，吃肉邊菜，他對人世的觀察很深刻；法達童真入道，七歲就出家，空讀《法華經》，全無人生歷練，高下立判。「汝須念念開佛知見，勿開眾生知見。開佛知見，即是出世。開眾生知見，即是世間。」你應該在每一心念中都開啟佛的智慧，不要開啟世俗眾生的見識。開啟佛的智慧，就是出離世間。開啟眾生的見識，就是走入世間。「汝若但勞勞執念，以為功課者，何異犛牛愛尾？」犛牛愛尾出自《法華經．方便品》：「身著於五欲，如犛牛愛尾，以貪愛自蔽，盲明無所見。」說人的欲望就像犛牛的尾巴好長，遮蔽了視野，牠自己很欣賞，尾巴一甩，走走就掉到坑裡了。你若一昧辛苦誦念經文，當作學佛的功課，這與犛牛愛尾，障蔽自己又有甚麼不同呢？

達曰：「若然者，但得解義，不勞誦經耶？」師曰：「經有何過，豈障汝念？只為迷悟在人，損益由己。口誦心行，即是轉經。口誦心不行，即是被經轉。」

聽吾偈曰：

心迷法華轉，心悟轉法華。誦經久不明，與義作讎家。

無念念即正，有念念成邪。有無俱不計，長御白牛車。

達聞偈，不覺悲泣，言下大悟。而告師曰：「法達從昔已來，實未曾轉法華，乃被法華轉。」

再啟曰：「經云：諸大聲聞乃至菩薩，皆盡思共度量，不能測佛智。今令凡夫但悟自心，便名佛之知見，自非上根，未免疑謗。又經說三車，羊、鹿、牛車，與白牛之車，如何區別？願和尚再垂開示。」

師曰：「經意分明，汝自迷背。諸三乘人不能測佛智者，患在度量也。饒伊盡思共推，轉加懸遠。佛本為凡夫說，不為佛說。此理若不肯信者，從他退席。殊不知坐卻白牛車，更於門外覓三車。況經文明向汝道，唯一佛乘，無有餘乘，若二若三。乃至無數方便，種種因緣，譬喻言詞，是法皆為一佛乘故。汝何不省？三車是假，為昔時故；一乘是實，為今時故。只教汝去假歸實，歸實之後，實亦無名。應知所有珍財，盡屬於汝，由汝受用。更不作父想，亦不作子想，亦無用想。是名持《法華經》，從劫至劫，手不釋卷，從晝至夜，無不念時也。」

達蒙啟發，踴躍歡喜，以偈贊曰：

經誦三千部，曹溪一句亡。未明出世旨，寧歇累生狂？羊鹿牛權設，初中後善揚。

誰知火宅內，元是法中王。

師曰：「汝今後方可名念經僧也。」達從此領玄旨，亦不輟誦經。

法達問道：「照大師所說，只要悟解佛的教義，就不必讀經了嗎？」惠能回答：「經文有甚麼過錯，怎麼會妨礙你念經呢？只是誦讀經文，或迷惑或覺悟因人而異，或損或益都由人自取。如果口誦經文，內心遵照修行，就是轉經；口誦經文，內心不遵照修行，就是被經轉。」聽我的偈頌：「心迷法華轉，心悟轉法華。誦經久不明，與義作讎家。無念念即正，有念念成邪。有無俱不計，長御白牛車。」心地迷惑便被《法華》轉，心地開悟就可轉《法華》。誦經長久內心不明白，好像跟經義有仇一樣。無念念經即是正念，有心念經反而成邪。若能有無都不計較，就是長駕白牛車的大乘菩薩境界了。《法華經．譬喻品》裡舉了三車的比喻，聲聞乘羊車、緣覺乘鹿車、菩薩乘牛車，還有大菩薩乘的大白牛車，長御就是不會退轉。

法達聽罷偈頌，不覺悲傷涕泣，當下豁然大悟，稟告大師說：「法達自從誦經以來，確實沒有真正讀懂，空誦經文，徒勞無功。」又問說：「經上講諸位大聲聞弟子，以及諸位菩薩，他們盡思竭慮共同猜測，也不能度量佛的廣大智慧。如今又說平凡之輩只要開悟自心，就可以獲得佛的智慧，我根器不夠，實在疑惑不解。有經書上說有三車，羊車、鹿車、牛車，與白牛之車，有甚麼區別？請求大師再指教開導。」《法華經．譬喻品》稱：「若有眾生，內有智信，從佛世尊聞法信受，殷勤精進，欲速出三界，自求涅槃，是名聲聞乘。」《法華經．方便品》中記載，世尊對舍利佛說：「諸佛智慧甚深，無量其智慧門，難解難入，一切聲聞辟支佛所不能知。」又稱：「世雄不可量，諸天及世人。一切眾生類，無能知佛者」，「及佛諸餘法，無能測量者」，「甚深微妙法，難見難可了」。

《易經》的智慧之高，也是嘆為觀止。我們學生有不少科技界的精英曾說，假定把全世界最好的天才聚在一起，關個數十年、上百年，肯定創作不出這樣的經典。

師曰：「經意分明，汝自迷背。諸三乘人不能測佛智者，患在度量也。饒伊盡思共推，轉加懸遠。」三乘就是聲聞、緣覺、菩薩。大師說：經文義理清楚明白，只是你自己疑惑不解罷了。三乘人不能測知佛的智慧，問題在於用分別心去計較分析，永遠不可能量測圓融無礙的佛智，越離越遠。《法華經．方便品》：「如是諸人等，其力所不堪……盡思共度量，不能測佛智。」「佛本為凡夫說，不為佛說。此理若不肯信者，從他退席。」佛經是說給普通凡夫聽的，而不是講給覺悟者聽的。若有人不信這個道理，只能任由他退席而去。《老子》：「上士聞道，勤而行之。中士聞道，若存若亡。下士聞道，大笑之，不笑不足以為道。」「殊不知坐卻白牛車，更於門外覓三車。況經文明向汝道，唯一佛乘，無有餘乘，若二若三。乃至無數方便，種種因緣，譬喻言詞，是法皆為一佛乘故，汝何不省？」你已經坐在大白牛車上了，還到門外去找羊車、鹿車、牛車。況且經文明明對你說，只有一種佛法，沒有其餘或兩種、或三種的佛法。諸佛世尊的無數方便說法，不同的因緣契機，種種譬喻之詞，都是一種助人解脫的佛法。你怎麼還不能領悟呢？〈方便品〉又記世尊對舍利弗說：「如來但以一佛乘故，為眾生說法，無有餘乘，若二若三。舍利弗！過去諸佛以無量無數方便、種種因緣譬喻言詞而為眾生演說諸法，是法皆為一佛乘。」

「三車是假，為昔時故；一乘是實，為今時故。只教汝去假歸實，歸實之後，實亦無名。」所謂三車是假設之詞，是過去為了方便說法的比喻，只有一佛乘是真實的，是為了今人領悟所指示的佛法。經文是教導你去掉虛假而歸於真實，然後所謂的真實也歸於無名。〈方便品〉：「十方佛土中，唯有一乘法。無二亦無三，除佛方便說。但以假名字，引導於眾生。」「應知所有珍財，盡屬於汝，由汝受用。更不作父想，亦不作子想，亦無用想。」這又是〈譬喻品〉的典故，說眾生三界如火宅，長者財富無量，將諸子引出火宅後，賞給每人一輛七寶大車。賞賜前曾想：「今此幼童，皆是吾子。」「應當等心，各各與之。」〈信解品〉記載，長者家財無數，而其子流落異鄉，窮困不堪。長者心想：「我若得子，委付財物，坦然快樂，無復憂慮。」最後窮子得到財物珍寶，心中歡喜，想道：「我本無心希求，今此寶藏自然而至。」惠能此段議論將財寶隱喻佛性，自身原有，自心享用，不能靠父親施予。不要有財物是父親的想法，也不要有是兒子的想法，也根本不用去想。「是名持《法華經》，從劫至劫，手不釋卷，從晝至夜，無不念時也。」這就掌握了《法華經》的要旨。若能如此，便能萬劫不止，永遠手不釋卷，從早到晚，無時無刻都在誦念經文。

法達受到啟發，歡喜得跳起來，口唸偈頌讚揚道：「經誦三千部，曹溪一句亡。未明出世旨，寧歇累生狂？羊鹿牛權設，初中後善揚。誰知火宅內，元是法中王。」從前自恃經文三千遍，今日聞曹溪大師一番話完全消亡妄想，倘若心中不明出世的宗旨，怎麼停歇多生累世的癡狂？羊鹿牛車是權宜假設，始終信佛向善要發揚。誰知處在火宅內的人身，原來自身佛性是法中王。初中後是指佛說法的三個時段，初善引導啟發菩提心，中善引導人們修行，後善引導人們解脫繫縛，進入涅槃境界。《法華經．序品》云：「演說正法，初善、中善、後善，其義深遠，其語巧妙，純一無雜，具足清白梵行之相。」大師說：「你從今以後才可以稱作念經僧了。」從此以後，法達領悟到佛經的玄妙之旨，同時又誦讀經書不止。

僧智通，壽州安豐人。初看《楞伽經》約千餘遍，而不會三身四智，禮師求解其義。師曰：「三身者，清淨法身，汝之性也；圓滿報身，汝之智也。千百億化身，汝之行也。若離本性，別說三身，即名有身無智。若悟三身無有自性，即名四智菩提。」聽吾偈曰：

自性具三身，發明成四智。不離見聞緣，超然登佛地。
吾今為汝說，諦信永無迷。莫學馳求者，終日說菩提。

通再啟曰：「四智之義，可得聞乎？」
師曰：「既會三身，便明四智，何更問耶？若離三身，別談四智，此名有智無身。即此有智，還成無智。」復說偈曰：

大圓鏡智性清淨，平等性智心無病。妙觀察智見非功，成所作智同圓鏡。
五八六七果因轉，但用名言無實性。若於轉處不留情，繁興永處那伽定。

通頓悟性智，遂呈偈曰：

三身元我體，四智本心明。身智融無礙，應物任隨形。

起修皆妄動，守住匪真精。妙旨因師曉，終無染汙名。

三身指清淨法身、圓滿報身和千百億的化身。四智為大圓鏡智、平等性智、妙觀察智、成所作智。八識是眼識、耳識、鼻識、舌識、聲識、意識、末那識、阿賴耶識。識還是假象，要轉成無量的佛智慧，稱轉識成智。前五識轉為成所作智，意識轉為妙觀察智，末那識轉為平等性智，阿賴耶識轉為大圓鏡智。

阿賴耶識又稱藏識，藏了很多累劫累生的記憶與習氣種子，又所謂「去後來先做主公」，人降生前先來，死後仍暫存一段時間才離去。我曾占問阿賴耶識到底是什麼？結果是不變的升卦。升卦的錯卦是无妄卦，無有虛妄即全真，錯卦性質完全相反，所以升卦是虛幻的。第三爻「升虛邑」，上爻「冥升」爻變成蠱卦，夢幻泡影，成住壞空。升卦之前為姤、萃二卦，屬因緣際會而生。

僧人智通是壽州安豐人，初看《楞伽經》約千餘遍，卻不懂得三身及四智，前來禮拜惠能，請求解說其中義理。古師子國即今斯里蘭卡，有一楞伽山，佛祖在山中講《楞伽經》，是早期禪宗與唯識宗的重要經典。

大師說道：「三身指的是：清淨法身，就是你本具的佛性；圓滿報身，就是你的般若智慧；千百億化身，就是你修持佛法所得的神變行為。若是離開了本具的佛性，另外解說三身，就叫有身無智，違背了佛法。若能悟得三身並沒有獨立自性，就獲得佛的四智的智慧。」且聽我的偈誦曰：「自性具三身，發明成四智。不離見聞緣，超然登佛地。吾今為汝說，諦信永無迷。莫學馳求者，終日說菩提。」各人自身佛性中皆有三身，自性發明顯現就成了四智。即使不離開世間見聞的因緣，也能超脫進入佛地。今日為你解說妙旨，你要誠信佛法永誌不迷，不要學那些往外馳求者，終日空談菩提。

智通又問：四智真正的意思，可不可以再講清楚一點。大師回答：「既然領會了三身的涵意，便明白了四智，還用得著再問嗎?若是離開了三身，另外再談四智，這叫有智而無身。就算是有智，最終還是毫無智慧。」又說偈頌：「大圓鏡智性清淨，平等性智心無病。妙觀察智見非功，成所作智同圓鏡。五八六七果因轉，但用名言無實性。若於轉處不留情，繁興永處那伽定。」繁興是世俗的紛紜煩惱，看著很熱鬧興旺，那伽是龍，是梵文的音譯。龍定止於深淵，如如不動，得大解脫。大圓鏡智本於自性清淨，平等性智在於真心無病。妙觀察智觀照萬物無障礙，成所作智遍化眾生同圓鏡。八識中有因有果，可轉為四智，轉變的是名號，實性永遠不變。若能在轉變中斷絕世俗之情，就能超越紛紜煩惱，永保佛的禪定。

佛經有「四智成三身」之說，謂大圓鏡智獨成法身，平等性智獨成報身，妙觀察智與成所作智共成化身，由此可知自性與三身、四智的關係。大圓鏡智意謂佛的智慧清淨無染，能照見一切，現眾色相。平等性智視一切有情眾生盡皆平等，妙觀察智善觀察各種事物而徹底瞭解真相，成所作智意謂佛能引導眾生成就所想做的事業。前五識與第八識屬於果，第六意識與第七末那識屬於因。

「性智」為根本智，屬本性中的智慧，能生萬法，不是我們一般分別心的世俗智慧。智通聽了六祖的偈頌，當下頓悟性智，於是呈上偈頌道：「三身元我體，四智本心明。身智融無礙。應物任隨形。起修皆妄動，守住匪真精。妙旨因師曉，終無染汙名。」自性三身是我的本體，本心啟發轉為四智。體悟了三身四智圓融無礙，自然應物隨緣現形。起念修習都是妄動，守心住靜也不是真禪的精神。今日蒙師開示使我通悟妙旨，今後永保本性清淨不受染汙。

僧智常，信州貴溪人，髫年出家，志求見性。一日參禮，師問曰：「汝從何來？欲求何事？」

曰：「學人近往洪州白峰山禮大通和尚，蒙示見性成佛之義，未決狐疑，遠來投禮，伏望和尚慈悲指示。」

師曰：「彼有何言句。汝試舉看。」

曰：「智常到彼，凡經三月，未蒙示誨。為法切故，一夕獨入丈室，請問如何是某甲本心本性？大通乃曰：『汝見虛空否？』對曰：『見。』彼曰：『汝見虛空有相貌否？』對曰：『虛空無形，有何相貌？』彼曰：『汝之本性，猶如虛空，了無一物可見，是名正見。無一物可知，是名真知。無有青黃長短，但見本源清淨，覺體圓明，即名見性成佛，亦名如來知見。』學人雖聞此說，猶未決了，乞和尚開示。」

師曰：「彼師所說，猶存見知，故令汝未了。」吾今示汝一偈：

不見一法存無見。大似浮雲遮日面。不知一法守空知，還如太虛生閃電。此之知見瞥然興，錯認何曾解方便？汝當一念自知非，自己靈光常顯現。

常聞偈已，心意豁然，乃述偈曰：

無端起知見，著相求菩提。情存一念悟，寧越昔時迷。自性覺源體，隨照枉遷流。不入祖師室，茫然趣兩頭。

智常一日問師曰：「佛說三乘法，又言最上乘，弟子未解，願為教授。」

師曰：「汝觀自本心，莫著外法相。法無四乘，人心自有等差：見聞轉誦是小乘，悟法解義是中乘，依法修行是大乘。萬法盡通，萬法具備，一切不染，離諸法相，一無所得，名最上乘。乘是行義，不在口爭。汝須自修，莫問吾也。一切時中，自性自如。」

常禮謝，執侍，終師之世。

僧人智常是信州貴溪人，自從幼年出家，就有志於習禪見性，有一天來參見禮拜。惠能問他：你從哪兒來，到此所求何事？智常回答：「學生最近前往洪州白峰山參拜大通和尚，承蒙他開示見性成佛的義理，心中仍有疑惑難決，因此遠來禮敬大師，祈請慈悲為懷為我指示真諦解除疑惑。」

既濟、未濟二卦是尋求開悟渡彼岸，未濟卦辭：「小狐汔濟，濡其尾，無攸利。」即以小狐狸過河為象。狐狸生性多疑，必須轉疑為信才成。解卦尋求解脫，第二爻：「田獲三狐，得黃矢，貞吉。」先得瞭解疑惑何在。大師問：「大通和尚說些甚麼？你試著舉一些說給我聽。」智常說道：「智常到那兒後，經過三個多月都未蒙教誨。因為求法心切，有天晚上獨自進入方丈室內，直接請問甚麼是我的本心本性？」惠能當年去黃梅，也是九個月之後，弘忍才到柴房看他。大通問道曰：「你看見虛空了嗎？」智常回答說：「看見了。」大通又問：「你看見虛空有相貌嗎？」智常回答：「虛空無形，有甚麼相貌呢？」大通續說：「你的本性就像那虛空，看不到任何物相，這就叫正見。沒有任何一物可以認知，這就叫真知。沒有青黃之色與長短之形，只見到人的本性清淨，覺悟的本體圓融通明，這就是見性成佛，也稱如來知見。」學生我雖然聽到這說法，還沒完全明白，請求大師開導教誨。

大師說：「那位師父所講的，還有眾生知見的成分，所以你才不明白。我現在傳授你一首偈頌：『不見一法存無見，大似浮雲遮日面。不知一法守空知，還如太虛生閃電。此之知見瞥然與，錯認何曾解方便？汝當一念自知非，自己靈光常顯現。』」口說不見一法，心中卻還存了個無見的想法，就像浮雲遮蔽了太陽，口說不知一物，心中卻守空知，有如太空之中生出雷鳴閃電障礙了本性。這個眾生知見興起，錯認便是本性，實則未見方便法門。你應當自己知道不對，自心靈光閃耀，才是真正的清淨光明。智常聽完大師的偈頌，心中豁然開悟，口述偈頌道：「無端起知見，著相求菩提。情存一念悟，寧越昔時迷。自性覺源體，隨照枉遷流。不入祖師室，茫然趣兩頭。」無端生起眾生知見，執著物相卻想求得菩提。如今心中一念開悟，將要超越往日的執著癡迷。自性本來是覺悟的本體，隨緣照破世俗萬相的變遷流動。今日若不是進入祖師居室，依舊茫然迷惑趨向存無守空的兩頭。

智常有一天問大師：「世尊講成佛有三乘法，又說還有最上乘法，弟子我不理解，請老師講授給我聽。」我們前面已經講了三乘法，聲聞乘、圓覺乘、菩薩乘，又說還有最上乘佛法，變成四個等級。惠能要他觀照自己的本心，還是從源頭來立論，一旦本心自性起用，這些枝枝節節都不是問題，就像庖丁解牛，迎刃而解。「汝觀自本心，莫著外法相。法無四乘，人心自有等差：見聞轉誦是小乘，悟法解義是中乘，依法修行是大乘。萬法盡通，萬法具備，一切不染，離諸法相，一無所得，名最上乘。乘是行義，不在口爭。汝須自修，莫問吾也。一切時中，自性自如。」你觀照自己的本心，不要執著外在的物相。佛法本無四乘，只是人心對佛法的領悟自有等級差別：通過見聞誦經而達到解脫的是小乘法，領會佛法意旨而解脫的是中乘法，依照佛法修行而解脫的是大乘法。若是心中通達萬事具備萬法，一切都不染著，超脫各種世相，一無所得，就叫作最上乘佛法。乘的本義在實踐修行，不在口頭爭辯，你必須自己修持，不用多問我了。任何時候自性都是存在的。智常敬禮致謝，他侍奉大師，直到惠能離世。

僧志道，廣州南海人也。請益曰：「學人自出家，覽《涅槃經》十載有餘，未明大意，願和尚垂誨。」

師曰：「汝何處未明？」

曰：「諸行無常，是生滅法。生滅滅已，寂滅為樂，於此疑惑。」

師曰：「汝作麼生疑？」

曰：「一切眾生皆有二身，謂色身、法身也。色身無常，有生有滅，法身有常，無知無覺。經云『生滅滅已，寂滅為樂』者，不審何身寂滅，何身受樂？若色身者，色身滅時，四大分散，全然是苦，苦不可言樂。若法身寂滅，即同草木瓦石，誰當受樂？又法性是生滅之體，五蘊是生滅之用，一體五用，生滅是常。生則從體起用，滅則攝用歸體。若聽更生，即有情之類，不斷不滅。若不聽更生，則永歸寂滅，同於無情之物。如是，則一切諸法被涅槃之所禁伏，尚不得生，何樂之有？」

僧人志道是廣州南海人，他向大師請益道：「學生自從出家以來，閱讀《涅槃經》已有十多年，還未明白大意，請大師教誨。」惠能問：「你有哪些地方不清楚？」志道回答：「經文中說諸行無常，是生滅法。生滅滅已，寂滅為樂。這一段我心有疑惑。」這一段出自《涅槃經》第十四卷，說釋迦牟尼的前世，碰到一個化身羅剎說「諸行無常，是生滅法」。他為了半偈捨身，願意被羅剎吃掉，只要在死前聽到後半偈是什麼。這是有名的〈雪山偈〉，後半偈就是「生滅滅已，寂滅為樂」。惠能問：「你為什麼有疑惑呢？」

志道回答：「一切眾生皆有二身，謂色身、法身也。色身無常，有生有滅，法身有常，無知無覺。經云『生滅滅已，寂滅為樂』者，不審何身寂滅，何身受樂？」一切眾生都有二身，就是色身和法身。有形體的色身不能常存，有生有滅。法身永恆存在，無知無覺。經上說「生滅滅已，寂滅為樂」，不知道哪一身寂滅，哪一身享受樂？一般人是這樣看，所有的色身都會腐朽，假定真有法身的話，我們證到法身，承受極度的快樂，而色身就承受生老病死的痛苦。《易經》的萃卦是聚，渙卦為散，人活著即聚，死了即散，〈繫辭傳〉稱：「原始反終，故知死生之說。精氣為物，遊魂為變，是故知鬼神之情狀。」「若色身者，色身滅時，四大分散，全然是苦，苦不可言樂。若法身寂滅，即同草木瓦石，誰當受樂？」如果說是色身的話，色身滅亡之時，化作地水火風消散了，完全是痛苦，痛苦不能說是快樂。如果說是法身寂滅，同草木瓦石一樣沒有區別，誰來受樂呢？

這都是一般人的看法，已經學佛這麼久的和尚還這樣看，就很奇怪了！可見世俗的看法多麼牢不可拔，就算知道概念，真瞭解還不容易。

「又法性是生滅之體，五蘊是生滅之用，一體五用，生滅是常。生則從體起用，滅則攝用歸體。」法性是生滅的本體，五蘊是生滅的作用。從本體產生種種的現象作用，有生有滅是常態。活著的時候由本體生起作用，滅亡時收攝作用歸於本體，從哪裡來到哪裡去。「若聽更生，即有情之類，不斷不滅。若不聽更生，則永歸寂滅，同於無情之物。」假定生命是永恆的，肉身死了，可以換個形態再生，有情眾生的生命就沒有斷滅。這是常見，另外一種就是斷見。若不能再度轉生，就永遠歸於寂滅，與無情之物沒甚麼不同。「如是，則一切諸法被涅槃之所禁伏，尚不得生，何樂之有？」倘若如此，則一切眾之類都受到涅槃的禁制，沒有永生，哪裡還有快樂可受？

師曰：「汝是釋子，何習外道斷常邪見，而議最上乘法？據汝所說，即色身外別有法身，離生滅求於寂滅。又推涅槃常樂，言有身受用，斯乃執吝生死，耽著世樂。汝今當知佛為一切迷人，認五蘊和合為自體相，分別一切法為外塵相，好生惡死，念念遷流，不知夢幻虛假，枉受輪迴，以常樂涅槃，翻為苦相，終日馳求。佛愍此故，乃示涅槃真樂，剎那無有生相，剎那無有滅相，更無生滅可滅，是則寂滅現前。當現前時，亦無現前之量，乃謂常樂。此樂無有受者，亦無不受者，豈有一體五用之名？何況更言涅槃禁伏諸法，令永不生，斯乃謗佛毀法。」聽吾偈曰：

大師說：「你是佛門子弟，為什麼要學習外道關於斷見、常見的邪說，而非議最上乘法呢？如果按照你這套分析架構來看的話，就是說色身外面另外有一法身，所以我們要離開生滅去追求寂滅。又推測涅槃常樂，說要有身相來受樂。這正是執著吝惜生命，貪戀塵世之樂。」釋子是出家人，法號前都加一釋字。儒家、道家沒有這一套，不會說在儒者前加一孔字吧？佛法是內法，要往內心求法，往外面去找是外道。「汝今當知佛為一切迷人，認五蘊和合為自體相，分別一切法為外塵相，好生惡死，念念遷流，不知夢幻虛假，枉受輪迴，以常樂涅槃，翻為苦相，終日馳求。」你現在應當明白，佛陀為了度脫世俗一切迷妄無知的人，他們將五蘊和合的形骸認為是自己的身體，將世間一切事物區別為外在的物體。貪生怕死，隨著萬物變遷，產生種種欲念。不知道一切如同夢幻，虛假不實，因此枉受輪迴之苦。他們反倒認為涅槃常樂的境界是痛苦的，整天向外奔波追逐塵世的享樂。「佛愍此故，乃示涅槃真樂，剎那無有生相，剎那無有滅相，更無生滅可滅，是則寂滅現前。」佛陀憐憫這些迷妄無知的人們，所以才顯示涅槃境界真正的安樂，剎那間沒有生的相狀，剎那間也沒有滅的相狀，更沒有生滅可消除，此時寂滅的境界就出現了。「當現前時，亦無現前之量，乃謂常樂。此樂無有受者，亦無不受者，豈有一體五用之名？何況更言涅槃禁伏諸法，令永不生，斯乃謗佛毀法。」當寂滅現前之時，並無具體可感知的形式，不可進行名相的度量，這才叫涅槃常樂。這種涅槃常樂沒有受者，也沒有不可受者，怎麼會有一體五用的名目呢？更何況你又說涅槃禁制諸種事物，使其不能轉生，這是對佛法的誹謗詆毀啊！且聽我的偈頌吧：

無上大涅槃，圓明常寂照。凡愚謂之死，外道執為斷。諸求二乘人，目以為無作。
盡屬情所計，六十二見本。妄立虛假名，何為真實義？惟有過量人，通達無取捨。
以知五蘊法，及以蘊中我。外現眾色相，一一音聲相。平等如夢幻。不起凡聖見，
不作涅槃解，二邊三際斷。常應諸根用，而不起用想。分別一切法，不起分別想。
劫火燒海底，風鼓山相擊。真常寂滅樂，涅槃相如是！吾今強言說，令汝捨邪見。
汝勿隨言解，許汝知少分。

志道聞偈大悟，踴躍作禮而退。

至高無上的涅槃境界，寂照明徹一切圓滿，凡愚之被稱之為死，邪門外道稱之為斷，修習聲聞、緣覺的小乘人，視為自在無事的境地。這些都是隨心的妄想，本於六十二種邪見。妄立虛假的名義，豈能認識真實的涅槃？唯有志量超凡的智者，才能通達寂滅之境的無取無捨。它

們知道五蘊合成萬物，以及幻化成假我，在外顯示各種色相，一一有聲有形呈現，萬物一切等同如夢幻。世人本性平等，不要起凡聖不同之見，不以名相認識心中涅槃，將二邊三際的心思一起斬斷。隨順諸根的作用，多行善事而又超脫不執著。善能分別世間萬相，又能平等看待不起分別之想。當末日劫火焚燒一切，海底枯竭，狂風怒號，群山相互撞擊，碎為微塵，此時方知寂滅的安樂，這才是心中真如常存的涅槃之境。我今勉強言說，希望你消除邪見，你不要單從語言去解釋，才算你真懂一點佛法。志道聽罷大師的偈頌，當即大悟，歡喜踴躍，敬禮而退。

斷見就是一般講的執著耽溺於空，也叫惡取空，比執著有還嚴重。佛教將不知人之身心及外物之法性常住，以身死為斷滅的見解稱為斷見，將固執人之身心及外物，以為常有的見解稱為常見。斷、常二見都違反佛法正道。佛教說諸外道有六十二種錯誤見解，據《大般若經．佛母品》所述，六十二見包括：各執色等五蘊為常、為無常、為亦常亦無常、為非常非無常計二十見；各執色等五蘊為有邊、為無邊、為亦有邊亦無邊、為非有邊非無邊計二十見；各執色等五蘊為如去、為不如去、為亦如去亦不如去、為非如去亦非不如去計二十見；加上身與神一、身與神異二見，共計六十二見。不善修佛者錯解名相，虛假名往往障礙了真實義。武則天的〈開經偈〉：「無上甚深微妙法，百千萬劫難遭遇，我今見聞得受持，願解如來真實義。」

二邊三際斷，二邊指斷見與常見，合稱二邊見。三際即三世，指過去世、現在世、未來世。《維摩詰經．菩薩品》：「若過去生，過去生已滅；若未來生，未來生未至；若現在生，現在生無住……無生即是正位。」此即三世不可得之意。《金剛經》：「過去心不可得，現在心不可得，未來心不可得。」佛教有末世觀，就似《聖經．啟示錄》。《仁王經．護國品》：「劫燒終棄，乾坤洞然。須彌巨海，都為灰颺。天龍福盡，於中凋喪。二儀尚殞，國有何常。」陰陽二儀都滅了，一般世間國土蕩然無存。《佛說八大人覺經》：「世間無常，國土危脆。」離卦第四爻：「突如其來如，焚如，死如，棄如。」〈小象傳〉：「無所容也。」都是末世駭人的浩劫景象。

行思禪師，生吉州安城劉氏。聞曹溪法席盛化，徑來參禮。遂問曰：「當何所務，即不落階級？」

師曰：「汝曾作什麼來？」

曰：「聖諦亦不為。」

師曰：「落何階級？」

曰：「聖諦尚不為，何階級之有？」

師深器之，令思首眾。一日師謂曰：「汝當分化一方，無令斷絕。」

思既得法，遂回吉州青原山，弘法紹化。諡弘濟禪師。

行思禪師生於吉州安城劉氏家中，他聽說曹溪六祖化導眾生，法壇興盛，便前來參拜。他問道：「應當怎樣修行，才能不經歷漸修的階次，直接頓悟成佛？」一聽這個問法，大師問道：「你曾修習過哪些佛法呢？」行思回答：「我連四聖諦都沒有修習。」大師又問：「那你修習佛法到哪一個次第？」行思回答：「我連四聖諦都沒有修習，還能到達哪一次第？」四聖諦指苦諦、集諦、滅諦、道諦，涵義是知苦、斷集、證滅、修道。「師深器之，令思首眾。」惠能聽了這番話，非常器重行思，讓他做大弟子，帶領一幫徒眾。過了一段時間，對他說：「你應當獨自到一個地方，教化那裡的眾生，不要讓佛法斷絕。」這就是大師的風範，好徒弟不容易找，遇到了覺得不要耽誤他，應該去影響更多的人。損卦第三爻：「三人行，則損一人。一人行，則得其友。」爻變成大畜卦，卦辭：「不家食吉，利涉大川。」不拘守一方，出門扛更大的責任，利益眾生。

「思既得法，遂回吉州青原山，弘法紹化。諡弘濟禪師。」行思既已得到佛法，於是回到吉州青原山，在那裡弘揚佛法教化眾生。過世後朝廷還贈以弘濟禪師的諡號。「聖諦尚不為」，當年梁武帝問達摩大師：「如何是聖諦第一義？」達摩回答：「廓然無聖。」別執著非怎樣不可，修到一定境界之後，自然能大成。《心經》稱：「無苦集滅道，無智亦無得，以無所得故。」

懷讓禪師，金州杜氏子也。初謁嵩山安國師，安發之曹溪參叩。讓至禮拜，師曰：「甚處來？」

曰：「嵩山。」

師曰：「什麼物？恁麼來？」

曰：「說似一物即不中。」

師曰：「還可修證否？」

曰：「修證即不無，污染即不得。」

師曰：「只此不污染，諸佛之所護念。汝既如是，吾亦如是。西天般若多羅讖：汝足下出一馬駒，踏殺天下人。應在汝心，不須速說。」

讓豁然契會，遂執侍左右一十五載，日臻玄奧。後往南嶽，大闡禪宗。敕諡大慧禪師。

懷讓禪師是六祖門下，也是高手，大有來歷。上千年前就有人預言，說他門下會出大家，就是後來的馬祖道一禪師，創建了禪宗的叢林制度。所謂：「馬祖建叢林，百丈立清規。」對中國佛教影響非常大。懷讓是陝西金州杜氏之子，早先拜謁嵩山慧安國師，受啟發到曹溪參叩六祖。懷讓到達後參拜敬禮，惠能問他：「從哪兒來？」懷讓回答：「從嵩山來。」惠能又問：「什麼東西？怎麼來的？」這像禪宗公案，有機鋒。懷讓回答：「說似一物即不中。」用任何東西去說都不準，我所參證的是不可說的佛心，所謂「言語道斷，心行路絕」。惠能再問：「還可以修持參證嗎？」懷讓再回：「若起意修證，則非無心，若有污染即不得道。」惠能明白講：「只此不污染，諸佛之所護念。汝既如是，吾亦如是。西天般若多羅讖：汝足下出一馬駒，踏殺天下人。應在汝心，不須速說。」只有這個不被污染的本心，才是諸佛所要維護繫念的。你既要如此修，我也要如此堅持。西天般若多羅尊者曾經預言：你的門下將出現一匹駿馬，超越眾人稱雄天下。這個預言，你要記在心裡，別急著講出去。「讓豁然契會，遂執侍左右一十五載，日臻玄奧。後往南嶽，大闡禪宗。敕謚大慧禪師。」懷讓心領神會，豁然開悟，於是一直隨侍六祖身邊，共十五年，佛法造詣日益高深精微。後來前往南嶽，大力闡揚禪宗門風。圓寂後，朝廷贈與大慧禪師的謚號。

嵩山安國師即慧安，曾至黃梅拜謁五祖弘忍，遂得心要。武后時與神秀一起被迎入京城，尊為國師。般若多羅是西天禪宗第二十七祖，達摩大師的老師，曾指示達摩前往中國弘揚佛法，留下許多預言，多料中佛法東傳的情況。馬駒指馬祖道一禪師，隨懷讓從學十年，密受心印，後居鍾陵開元寺，各地學者雲集門下，稱洪州宗，與前述青原行思同為中晚唐最有影響的禪僧。

永嘉玄覺禪師，溫州戴氏子，少習經論，精天臺止觀法門，因看《維摩經》，發明心地。偶師弟子玄策相訪，與其劇談，出言暗合諸祖。策云：「仁者得法師誰？」

曰：「我聽方等經論，各有師承。後於《維摩詰經》，悟佛心宗，未有證明者。」

策云：「威音王已前即得，威音王已後，無師自悟，盡是天然外道。」

曰：「願仁者為我證據。」

策云：「我言輕，曹溪有六祖大師，四方雲集，並是受法者。若去，則與偕行。」

玄覺遂同策來參。繞師三匝，振錫而立。

師曰：「夫沙門者，具三千威儀，八萬細行。大德自何方而來，生大我慢？」

覺曰：「生死事大，無常迅速。」

師曰：「何不體取無生，了無速乎？」

曰：「體即無生，了本無速。」

師曰：「如是，如是。」

玄覺方具威儀禮拜，須臾告辭。

師曰：「返太速乎？」

曰：「本自非動，豈有速耶？」
師曰：「誰知非動？」
曰：「仁者自生分別。」
師曰：「汝甚得無生之意。」
曰：「無生豈有意耶？」
師曰：「無意誰當分別？」
曰：「分別亦非意。」
師曰：「善哉！」
少留一宿，時謂一宿覺。後著〈證道歌〉，盛行於世。諡曰無相大師，時稱為真覺焉。

前兩位弟子都是高才，行思禪師任首座後不久，就讓他出去自立門戶。懷讓禪師一直待在老師身邊十五年，再去南嶽弘法。清末李鴻章跟著曾國藩見習辦事，職位不高，但參與機要，也待了很長一段時間，後來一發表就是獨當一面。但是由其後來的表現，可能應該再待久一點。永嘉玄覺禪師來六祖這邊請益，本來聽完就要走，後來還是留宿一晚。這稱「一宿覺」。照這樣看，惠能當時建立道場，真是吸引了佛門的一些高材。萃卦之前為姤卦，正是機緣相聚，人才薈萃。我的老師愛新覺羅毓鋆曾說：「不有梧桐樹，焉招鳳凰來？」有心弘道傳法者應以此自勵。

玄覺禪師是溫州戴氏人家的子弟，從小學習佛教經籍，精通天台宗智顗大師所倡導的止觀法門。因為讀《維摩詰經》受啟發，領悟了禪法。恰巧六祖弟子玄策前來造訪，二人一起暢談，玄覺談論佛理暗合禪宗諸祖。玄策問：「您是拜哪位大德為師啊？」玄覺說師承是很多，但沒有一定是誰。「我聽方等經論，各有師承。後於《維摩詰經》，悟佛心宗，未有證明者。」我聽過各種佛教經籍解說，各有師承關係。後來閱讀《維摩詰經》，悟得禪宗妙旨。只是不知道領悟是否正確，尚未得到證明。「方等經論」是指方正平等的經論，指大乘佛教的經籍論著。玄策說：「威音王已前即得，威音王已後，無師自悟，盡是天然外道。」威音王佛未出世以前，人的心性未受思慮染汙，可以自得佛法。威音王佛以後，若無導師傳授而自己悟得，都屬於天然外道。威音王是傳說中最早的古佛，在此以前無佛，相關記載見《法華經．常不輕菩薩品》。玄覺就跟玄策說：「請求你為我作驗證。」玄策說：「我學淺言輕。曹溪有六祖大師，四方修行者雲集，都接受他宣講佛法。你若去拜謁，我跟你一起去。」伏羲畫卦，仰觀俯察，亦無師承，之後則代代傳授，繼往開來，亦同此理。

「玄覺遂同策來參。繞師三匝，振錫而立。」玄覺於是偕同玄策來參拜六祖，繞著惠能大師走了三圈，然後振動禪杖，頂端錫環搖動有聲，卓然而立，一副自命不凡的樣子。惠能說道：「夫沙門者，具三千威儀，八萬細行。大德自何方而來，生大我慢？」出家人應該遵守三千威儀、八萬細行的戒律。請問你來自何方？為何如此傲慢自大，不守規矩？玄覺回答：「生死事大，無常迅速。」因為求得了悟生死的佛道是大事，萬物生滅無常，變化迅速啊！大師問道：「何不體取無生，了無速乎？」為何不體悟無生無死的真理，以明白並超脫生死無常的迅速呢？玄覺就說：「體即無生，了本無速。」眾生都有自性，如果真正體認到，就無生無滅，徹悟明瞭一切，其實沒有遲速可言。惠能就說：「正是如此，正是如此。」玄覺這時才按照禮儀參拜，不一會兒就向大師告辭。大師說：「這就回去，不覺得太快了嗎？」玄覺答說：「本性本來就沒有動，哪有快不快的分別？」大師又問：「誰知道本性未動呢？」玄覺答道：「是您自己生起動與不動的分別。」惠能讚歎：「你相當準確地體悟到無生的意義了！」玄覺反問：「無生的境界難道還有意義嗎？」大師說：「如果無生的境界沒有意義，誰去認識分別呢？」玄覺答道：「這種認識分別的本身是不是有意義或無意義。」大師說：「善哉！」於是玄覺在曹溪留住一宿。當時人們稱為「一宿覺」。簡潔明快，後來玄覺著有〈永嘉證道歌〉，廣泛流傳於世間，也得到官方的認可。圓寂後諡號為無相大師，當時人們稱他是真正覺悟的大師。

禪者智隍，初參五祖，自謂已得正受，庵居長坐，積二十年。師弟子玄策，遊方至河朔，聞隍之名，造庵問云：「汝在此作什麼？」

隍曰：「入定。」

策云：「汝云入定，為有心入耶？無心入耶？若無心入者，一切無情草木瓦石，應合得定；若有心入者，一切有情含識之流，亦應得定。」

隍曰：「我正入定時，不見有有無之心。」

策云：「不見有有無之心，即是常定。何有出入？若有出入，即非大定。」

隍無對。良久，問曰：「師嗣誰耶？」

策云：「我師曹溪六祖。」

隍云：「六祖以何為禪定？」

策云：「我師所說，妙湛圓寂，體用如如。五陰本空，六塵非有。不出不入，不定不亂。禪性無住，離住禪寂；禪性無生，離生禪想。心如虛空，亦無虛空之量。」

隍聞是說，徑來謁師。

師問云：「仁者何來？」

隍具述前緣。師云：「誠如所言，汝但心如虛空，不著空見，應用無礙，動靜無心，凡聖情忘，能所俱泯。性相如如，無不定時也。」

隍於是大悟，二十年所得心，都無影響。其夜，河北士庶聞空中有聲云：「隍禪師今日得道。」

隍後禮辭，復歸河北，開化四眾。

禪僧智隍，起初參謁五祖弘忍，自稱已得真傳，在寺廟中長期打坐，累計二十年之久。六祖弟子玄策周遊來到河朔一帶，聽到智隍之名，便前往他所住的寺廟問道：「你在這裡做什麼呢？」後世僧人周遊四方，修行問道，稱遊方。典出《論語．為政篇》：「父母在，不遠遊，遊必有方。」觀卦〈大象傳〉：「風行地上，先王以省方觀民設教。」智隍回答：「入於禪定。」玄策說道：「汝云入定，為有心入耶？無心入耶？若無心入者，一切無情草木瓦石，應合得定；若有心入者，一切有情含識之流，亦應得定。」你說入於禪定，是有心入定呢？還是無心入定呢？如果是無心入定，所有無情的草木瓦石，應該都可以入定；若是有心入定，一切有情具有意識的眾生，應該都可以入定。智隍道：「我在進入禪定時，沒有有心或無心的意念。」玄策說：「沒有有心或無心的意念，就是一直在禪定境界中，哪裡還有出入呢？若是有出入禪定，就不是真正常在的大禪定。」《楞嚴經》有所稱的「楞嚴大定」，是行住坐臥無所不定，同時做很多事情都在入定，沒有說一定要在那邊打坐，血脈都僵了才叫入定。艮卦講止講定，卦辭稱：「艮其背，不獲其身；行其庭，不見其人，无咎。」面壁無我相，與群眾接觸無人相，靜亦定動亦定，才是真正的大定。智隍聽了玄策的一番議論，無言對答，過了許久，才問道：「您出自哪位大師門下？」玄策回答：「我的導師是曹溪六祖。」智隍問道：「六祖認為怎樣才是禪定呢？」

「我師所說，妙湛圓寂，體用如如，五陰本空，六塵非有。不出不入，不定不亂。禪性無住，離住禪寂；禪性無生，離生禪想。心如虛空，亦無虛空之量。」我的導師說，禪定的境界玄妙深湛，圓滿寂靜，本體與作用融合為一，體會得到五蘊假合本為虛幻，六根所感受的世界亦非實有。沒有出定，也沒有入定。不刻意追求凝息專注，精神也不散亂。禪的本性是不留戀諸法實相，不執著禪寂的心念；禪的本性是不生不滅，不要為追求禪境而刻意想像。心境如同虛空，也沒有虛空的相狀可以度量。

智隍聽到這番解說，便來參拜六祖。

大師問他：「你從哪裡來？」智隍便將遇到玄策的機緣具體陳述一遍。大師說：「誠如所言，汝但心如虛空，不著空見，應用無礙。動靜無心，凡聖情忘，能所俱泯，性相如如，無不定時也。」確實是這樣，你只要做到心如虛空，又不執著虛空的心念，應用起來沒有任何障礙。是動是靜都無心，凡人與聖人之分別一起忘懷，內在心性與外在事物泯除分際，融合為一體，那就無時無刻不在禪定中。「隍於是大悟，二十年所得心，都無影響。其夜，河北士庶聞空中有聲云：隍禪師今日得道。」智隍聽了當下大悟，二十年打坐的有所得之心，一下消逝得無影無蹤。就在當天夜晚，河北一帶的士人百姓聽到空中有聲音道：「隍禪師今日得道。」智隍後來向六祖作禮辭別，又回到河北，傳佈佛法，教化大眾。空中聲響這事可能嗎？我占出家人卦上爻動，爻辭：「有孚，威如，終吉。」〈小象傳〉：「反身之謂也。」爻變既濟，真修成了。〈雜卦傳〉：「家人，內也。」回歸本來面目，反求諸己，證悟心靈的本鄉，進入六祖的禪門。

一僧問師云：「黃梅意旨，什麼人得？」

師云：「會佛法人得。」

僧云：「和尚還得否？」

師云：「我不會佛法。」

師一日欲濯所授之衣，而無美泉。因至寺後五里許，見山林鬱茂，瑞氣盤旋。師振錫卓地，泉應手而出，積以為池，乃膝跪浣衣石上。

忽有一僧來禮拜。云：「方辯，是西蜀人。昨於南天竺國見達摩大師。囑方辯：『速往唐土，吾傳大迦葉正法眼藏及僧伽梨，見傳六代，於韶州曹溪。汝去瞻禮！』方辯遠來，願見我師傳來衣缽。」

師乃出示。次問：「上人攻何事業？」

曰：「善塑。」

師正色曰：「汝試塑看。」
辯罔措。過數日，塑就真相，可高七寸，曲盡其妙。
師笑曰：「汝只解塑性，不解佛性。」師舒手摩方辯頂，曰：「永為人天福田！」
師乃以衣酬之。辯取衣分為三，一披塑像，一自留，一用椶裹瘞地中，誓曰：「後得此衣，乃吾出世。住持於此，重建殿宇。」

一個僧人問惠能：「黃梅五祖的意旨，什麼人得到了？」大師說：「體悟佛法的人得到了。」僧人又問：「大師您得到了嗎？」大師說：「我不會佛法。」《論語》中有很多「或曰」，就是不要留下聲名，某甲某乙，免得跟著經典傳世。熊十力在《十力語要》中，回答很多人的問題，有時會記哪個學生問的，或外面某人問的，因為見解不錯值得留傳。「師一日欲濯所授之衣，而無美泉。」有一天，大師想洗滌五祖傳授的袈裟，而鄰近卻沒有清美的泉水。禪宗的衣缽到底意謂什麼？我占得豫卦第三、五、上爻動。三爻稱：「係豫，有疾厲。」五爻稱：「嘉遯，貞吉。」上爻稱：「肥遯，無不利。」三個爻齊變成豫卦，〈大象傳〉稱：「先王以作樂崇德，殷薦之上帝，以配祖考。」遯是前輩退隱，豫是願景無窮，繼往開來。二卦〈彖傳〉皆稱：「時義大矣哉！」「因至寺後五里許，見山林鬱茂，瑞氣盤旋。師振錫卓地，泉應手而出，積以為池，乃膝跪浣衣石上。」六祖來到寺後五里多的地方，看見林木繁茂，祥瑞之氣在空中盤旋。他將錫杖往地上一插，泉水當即湧出，一會兒就積蓄成一個池塘，雙膝跪下在石頭上洗濯袈裟。明末清初，鄭成功率部到台灣來，遇水荒，他拿劍一刺下去，泉水就冒出來，這是台中鐵鉆山的劍井傳說。

忽然有一僧人前來禮拜，說：「方辯，是西蜀人。昨於南天竺國見達摩大師。囑方辯：『速往唐土，吾傳大迦葉正法眼藏及僧伽梨，見傳六代，於韶州曹溪。汝去瞻禮！』方辯遠來，願見我師傳來衣缽。」我叫方辯，是西蜀人。不久前在南天竺國見到達摩大師。大師囑咐我趕快前往中國，說道：「我所傳授的禪宗正法及袈裟，已經傳到第六代，現在韶州曹溪處。你快去瞻仰禮拜！方辯我遠道而來，希望瞻仰我師傳下來的衣缽。」達摩是梁武帝時人，早就過世，他現在在廣東，不久前在南印度見到達摩祖師？這如何可能？我以前碰過一位東北的茅先生，自稱是張三豐傳七代的法脈，我估計不可能，他說歷代祖師都還活著，我只能無言以對。僧伽梨就是那件法衣，據說是用九條至二十五條布縫製而成。佛經稱釋迦牟尼佛在靈山會上拈花示眾，眾皆默然，唯有大迦葉尊者破顏微笑，釋迦知其心悟，遂曰：「吾有正法眼藏，涅槃妙心，實相無相，微妙法門，不立文字，教外別傳，咐囑摩訶迦葉。」正法眼藏即以心印心的自心佛性，為佛智的全體，含藏萬德，禪宗玄旨在此。

大師於是將袈裟拿給他看，接著問：「上人你主要研習哪種事業？」方辯回答：「我善於雕塑。」惠能神色莊重地說：「那你試著給我塑個像看看。」方辯一時有些手足無措。過幾天，塑了一座六祖的雕像，高七寸，與真人酷似，維妙維肖。大師笑著說：「你只懂得雕塑之性，不懂得佛性。」伸出手掌撫摸方辯頭頂，說道：「希望你永為人天福田。」大師將一件法衣送給他。方辯把衣服分成三份，一份披在他雕的塑像上，一份自己留著，還有一份用棕葉裹著埋在地中，立下誓言：「將來有人得到這份法衣，便是我轉世再生。我將在此主持弘揚禪法，重新修建寺廟。」我占了一卦，問這是怎麼回事？結果是漸卦第二爻與上爻動，齊變有井卦之象。二爻稱：「鴻漸于磐。」上爻功德圓滿，稱：「鴻漸于陸，其羽可用為儀，吉。」漸卦循序漸進，井卦開發自性，六祖在石頭上洗衣，意蘊甚深。

有僧舉臥輪禪師偈云：臥輪有伎倆，能斷百思想。對境心不起，菩提日日長。

師聞之曰：「此偈未明心地，若依而行之，是加繫縛。」

因示一偈云：

惠能沒伎倆，不斷百思想，對境心數起，菩提作麼長？

有僧人舉臥輪禪師作的偈頌，認為很高明：「臥輪有伎倆，能斷百思想。對境心不起，菩提日日長。」這跟神秀當年偈的境界很接近：「時時勤拂拭，勿使惹塵埃。」執著於勤修，臥輪禪師認為自己不錯，能夠將妄念通通斷掉，面對人生各種情境，都不起煩惱心，菩提智慧每天精進。惠能大師聽到後說：「這首偈頌沒有明白人的本性，若依照修行，反而增加了束縛。」另作一偈頌：「惠能沒伎倆，不斷百思想，對境心數起，菩提作麼長？」惠能沒有那種伎倆，並不斷絕心中思想，面對外境自然心念數起，卻不受沾染，菩提覺悟也能增長。」就像當年那首偈：「菩提本無樹，明鏡亦非台，本來無一物，何處惹塵埃？」《壇經・定慧品》：「若前念、今念、後念，念念相續不斷，名為繫縛。」「若只百物不思，念盡除卻，一念絕即死，別處受生，是為大錯。」與此意同。

頓漸品第八

第八品是師兄弟南北分宗，南宗是六祖嫡傳，北宗是神秀。神秀跟政治核心很近，算是國師，當年在師門飽受挫折，在朝廷還是很受寵信，有一定的基本功。南頓北漸，北宗就是循序漸進修行，扎實坐禪，讀經中規中矩。南宗活潑得多，頓悟成佛。這主要是惠能開的風氣，算是禪門正宗。師兄弟分開後沒有再見面，惠能當然沒有罣礙，神秀可能也想通了，有自知之明，但他的那些徒弟，有很多人始終想不通，覺得南宗有正牌的嫡傳，對他們是威脅，必欲除之而後快。所以除了之前講的〈行由品〉驚心動魄的追殺之外，隔了好多年，殺機都沒有斷。〈頓漸品〉裡還有人派殺手來，這在世俗無足怪，但發生在佛門，就很警醒人。南北也有交流，主要是北宗的徒弟南來學法，聽聽師叔怎麼講，然後有些過招的經驗，大致是這樣。

學易的都知道，義理易的開山是魏晉時的王弼，一個二十三、四歲就夭折的天才。因為漢代各種象數易畸形的發展，符號湮滅了所要表達的道理，他就掃象，注《易經》與《老子》，直接面對人生，確有貢獻。但掃象只是矯枉過正，《易經》怎麼可能沒有象呢？理氣象數不能分，沒有象數，卦怎麼算得出來？王弼注解《易經》，雖然簡練，裡面照樣有用到象數。惠能也是掃相，對中國佛教的發展影響很大。諸法空相，不生不滅，不垢不淨，不增不減，凡所有相皆是虛妄。他因《金剛經》而開悟，徹底離相離念，文字相、語言相，他都給掃的乾乾淨淨。一切回歸自性，自性生萬法，這是頓宗。

> 時祖師居曹溪寶林，神秀大師在荊南玉泉寺。於時兩宗盛化，人皆稱「南能北秀」。故有南北二宗頓漸之分，而學者莫知宗趣。師謂眾曰：「法本一宗，人有南北。法即一種，見有遲疾。何名頓漸？法無頓漸，人有利鈍，故名頓漸。」
>
> 然秀之徒眾，往往譏南宗祖師不識一字，有何所長？秀曰：「他得無師之智，深悟上乘，吾不如也。且吾師五祖，親傳衣法，豈徒然哉？吾恨不能遠去親近，虛受國恩。汝等諸人毋滯於此，可往曹溪參決。」

六祖居曹溪寶林，神秀在荊南玉泉寺，一南一北，分處兩地，都在宣揚佛法，發展的不錯，人皆稱「南能北秀」。南北二宗有頓悟與漸修之分，而學者對其宗旨歸趣並不真正瞭解。

惠能跟他的徒眾講：「法本一宗，人有南北。」當年他去參拜五祖時，弘忍說他是嶺南蠻夷，他就說人有南北，佛性本無南北。《論語．子路篇》記子曰：「南人有言曰：『人而無恆，不可以作巫醫。』」還引用恒卦第三爻爻辭：「不恒其德，或承之羞，貞吝。」孔老夫子就有輕視南方文化較落後之意。《孟子．滕文公篇》亦稱：「南蠻鴃舌之人，非先王之道。」說南方人講話都講不清楚。人有南北，法不分南北。《易經》有所謂先後天八卦方位，〈說卦傳〉第三章講先天，沒提確定方位，只說：「天地定位，山澤通氣，雷風相薄，水火不相射，八卦相錯。」第五章講後天，後天主用，分劃清楚。先天屬體，應該沒有方位可言。〈繫辭傳〉：「神無方而易無體……陰陽不測之謂神。」其實〈說卦傳〉根本沒立先後天之名，只有〈文言傳〉稱大人「先天而天弗違，後天而奉天時」。以宇宙開闢來講，大霹靂是觀念上的一個點，一下子炸開，變成浩瀚的宇宙，那時哪有什麼方位？方位是後來方便辨識才制訂，坤卦稱「西南得朋，東北喪朋」。英國大科學家霍金在輪椅上冥思，說宇宙不需要上帝，萬物可以無中生有，這其實很接近中國思想，不需要上帝，不需要造物主，甚至不需要宗教，人可以活得很好。《老子》說：「天下萬物生於有，有生於無。」這就夠了，萬物自化自生，哪有外在的造物者？霍金是從天文物理學去推證，當然就得罪很多教徒，說他大逆不道，打擊信仰，還說上帝創世時他不在，不能說沒看到就沒有。甚至更惡毒的就說，他之所以會躺在輪椅上，就是因為不信上帝。這不好，太沒風度了。依中國人的想法，要上帝幹什麼？「群龍無首」、

「帝出乎震」、「萬物出乎震」，自本自根，不假外求。

「法即一種，見有遲疾。何名頓漸？法無頓漸，人有利鈍，故名頓漸。」有人悟道比較快，冰雪聰明，一點就透，有人搞一輩子還死在文句裡頭。有快有慢，先天稟賦不同，後天機緣也不同。其實佛法沒有兩種，人的根器有敏捷、有遲鈍，才有了頓漸的名稱。所謂「積漸成頓」，前面沒有下一些工夫，後面能夠頓悟嗎？積還不一定指這輩子，佛教講累劫修行，最後在這一生某一時刻頓悟了。釋迦牟尼不知道來過多少次，他這種上等根器，前面都還沒成佛呢？漸頓哪有什麼差別，前世修的不算嗎？

漸卦循序漸進，鴻雁齊飛，過程似漸悟。頓悟就像解卦，〈彖傳〉稱：「天地解而雷雨作，雷雨作而百果草木皆甲坼，解之時大矣哉！」瞬間大徹大悟，當下解脫。「然秀之徒眾，往往譏南宗祖師不識一字，有何所長？」這就是知識分子的驕傲，北宗徒眾覺得六祖不認識字，有什麼長處呢？竟然開宗立派，太老師還把衣缽傳給他，越想越不服氣，所以他們常常譏諷。神秀聽到很不安，就說：「他有無師自通的智慧，以自性為師，深悟上乘佛法，我比不上他。而且我的老師五祖親自傳法，授以衣缽，難道沒有原因嗎？我都想千里迢迢到廣東去跟他請教。因為年紀大了，又蒙受朝廷禮遇的恩典，不方便離開。你們不一定要待在這裡，可以前往曹溪參拜，解決心中的疑惑。」人常常面都沒有見到，聽也沒聽過就瞎批評，這是大毛病。你們這些後生小輩應該怎麼樣？自己看著辦，建議你們去聽聽，就這麼簡單。

一日，命門人志誠曰：「汝聰明多智，可為吾到曹溪聽法。若有所聞，盡心記取，還為吾說。」

志誠稟命至曹溪，隨眾參請，不言來處。時祖師告眾曰：「今有盜法之人，潛在此會。」志誠即出禮拜，具陳其事。師曰：「汝從玉泉來，應是細作。」

對曰：「不是。」

師曰：「何得不是？」

對曰：「未說即是，說了不是。」

師曰：「汝師若為示眾？」

對曰：「常指誨大眾，住心觀淨，長坐不臥。」

師曰：「住心觀淨，是病非禪。常坐拘身，於理何益？」聽吾偈曰：

生來坐不臥，死去臥不坐，一具臭骨頭，何為立功課？

志誠再拜曰：「弟子在秀大師處學道九年，不得契悟。今聞和尚一說，便契本心。弟子生死事大，和尚大慈，更為教示。」

師曰：「吾聞汝師教示學人戒定慧法。未審汝師說戒定慧行相如何，與吾說看。」

誠曰：「秀大師說，諸惡莫作名為戒，諸善奉行名為慧，自淨其意名為定。彼說如此。未審和尚以何法誨人？」

師曰：「吾若言有法與人，即為誑汝，但且隨方解縛，假名三昧。如汝師所說戒定慧，實不可思議也。吾所見戒定慧又別。」

有一天神秀大師就命門人志誠道：「我看你聰明機智，可以為我到曹溪聽法，若有心得，儘量記下來，回來跟老師報告，與大家分享。」志誠奉命到了曹溪，隨同眾人一道參拜請益，不講自己來自何處。

這些都逃不掉六祖的法眼，對眾人說：「現在有盜聽佛法的人，潛藏在法會上。」志誠沒辦法，只能硬著頭皮出來禮拜，說明原由。惠能說：「你從玉泉寺來，應是奸細。」志誠答道：「我不是奸細。」惠能問道：「怎麼不是奸細？」志誠回答：「沒表明身分就是，表明就不是奸細了。」這是他聰明伶俐的地方，神秀沒看錯。四、五十年前，臺灣還是威權時代，毓老師的課堂上常會有些人混進來，警總、調查局、情報局派來的職業學生，不是來上課，是來作筆記寫報告的。結果第一堂課就被老師叫起來，趕出去，因為毓老師自己就是特務頭子出身，一聞就知道。惠能那麼聰明的人，感應力那麼強，怎麼瞞得過他？既然招了，就不是奸細了，那就談談吧！既然是來學習的，你的老師神秀怎麼跟大眾開示佛法？說來聽聽。志誠回答：「師父經常教誨大家，要凝思息慮，觀想清淨，經常打坐，不要隨便臥倒。」這是頭陀行所稱的「不倒單」，毓老師也習練，可以幾十年不躺床上。

惠能說：「住心觀淨，是病非禪，常坐拘身，於理何益？」講的真直接，說你們老師教錯了，這是毛病啊！這不是禪。常年打坐，身子受到拘束，血脈不流通，關節發炎，對體悟佛理有甚麼幫助？他又作偈了：「生來坐不臥，死去臥不坐，一具臭骨頭，何為立功課？」這就是大師迷人的地方，不跟你客套，既然來請教，就講真的，你那套不行，老派落伍了。人生能夠坐的時候就不必躺著，死後肯定是躺著，就不會坐了。一具臭皮囊，還立什麼功課？一切自然而然，該坐的時候就坐，該臥的時候就臥。《金剛經》上說：「如來若來若去，若坐若臥，是人不解我所說義。何以故？如來者，無所從來，亦無所去，故名如來。」本經〈般若品〉的無相頌：「憎愛不關心，長伸兩腳臥。」皆為此意。本經〈坐禪品〉有批判：「起心看淨，卻生淨妄……障自本性，卻被淨縛。」

志誠再次拜謝，說道：「弟子在神秀大師處學道九年，一直未能領悟佛法。今天聽您一說，立刻悟得本心。弟子認為生死事大，請和尚慈悲，繼續開示教導。」《禮記．學記》：「七年視論學取友，謂之小成；九年知類通達，強立而不反，謂之大成。」本心就是復卦的概念，〈繫辭傳〉：「復，德之本也。」〈彖傳〉：「復其見天地之心乎！」一元復始，萬象更新。直接稱和尚，就是拜師了。師曰：「吾聞汝師教示學人戒定慧法。未審汝師說戒定慧行相如何，與吾說看。」我聽說你的師父教導徒眾修戒、定、慧法門，不知道他對戒、定、慧的理解及修持怎麼講，你說給我聽聽。誠曰：「秀大師說，諸惡莫作名為戒，諸善奉行名為慧，自淨其意名為定。彼說如此。未審和尚以何法誨人？」諸惡莫作，眾善奉行，自淨其意，是諸佛教，這是「七佛通戒偈」。關鍵在「自淨其意」，沒有任何人能夠幫忙，自淨才是真淨。格致誠正修齊治平，也是自淨其意。志誠說神秀大師這麼講，不知道您是怎麼教？師曰：「吾若言有法與人，即為誑汝，但且隨方解縛，假名三昧。」惠能就說，我若是講有佛法傳給大家，就是騙人。我只是依據具體情況，隨緣方便解脫世人的束縛，借用三昧的假名而已。三昧是指禪定。「如汝師所說戒定慧，實不可思議也。吾所見戒定慧又別。」這句話有貶的意思，你老師還這樣講真是不可思議，我所瞭解的戒定慧跟這不同。

人生的縛執綑綁太多，讓我們難得自在。坎卦上爻爻辭：「係用徽纆，寘于叢棘，三歲不得，凶。」五花大綁丟在荊棘叢中，痛苦難當，三年都無法掙脫，罪業深重。隨卦上爻爻辭：「拘系之，乃從維之。」情意深重，生死相隨，還是桎梏啊！二爻：「係小子，失丈夫。」三爻：「係丈夫，失小子。」有所係就有所失，斷捨離不容易。遯卦二爻：「執之用黃牛之革，莫之勝說。」三爻：「係遯，有疾厲。」革卦初爻：「鞏用黃牛之革。」綑綁套牢，沒法解脫。

志誠曰：「戒定慧只合一種，如何更別？」

師曰：「汝師戒定慧接大乘人，吾戒定慧接最上乘人。悟解不同，見有遲疾。汝聽吾說，與彼同否？吾所說法，不離自性。離體說法，名為相說，自性常迷。須知一切萬法，皆從自性起用，是真戒定慧法。」聽吾偈曰：

心地無非自性戒，心地無癡自性慧，心地無亂自性定。不增不減自金剛，身去身來本三昧。

志誠問道：「佛法說的戒定慧這麼重要，應該只有一種，怎麼會有不同呢？」勤修戒定慧，熄滅貪嗔癡，戒貪、定嗔、慧去癡。其實，戒定慧與貪嗔癡不是兩樣東西，迷的時候貪嗔癡，悟了之後就變成戒定慧。轉煩惱即成菩提，娑婆世變成極樂世，心淨就國土淨。戒定慧不在貪嗔癡之外，坤卦講「先迷後得主」，一旦迷途知返，乾坤合德，生生不息。惠能大師說：「汝師戒定慧接大乘人，吾戒定慧接最上乘人。悟解不同，見有遲疾。汝聽吾說，與彼同否？吾所說法，不離自性，離體說法，名為相說，自性常迷。須知一切萬法皆從自性起用，是真戒定慧法。」你師父所講的戒、定、慧，接引具有智慧的大乘人；我講的戒、定、慧，接引超悟的最上乘人。對佛法的領悟不同，見解有遲緩有捷速。你且聽我講解，看看與你師父是否相同？我說的法都不離開自性，如果離開自性本體來說法，都是皮相之說，都會使自性被遮蔽而迷惑不明，要知道世間一切事物都以自性為體，從自性而生起作用，只有明白這個道理，才是真正的戒定慧法。

惠能又作偈：「心地無非自性戒，心地無癡自性慧，心地無亂自性定。不增不減自金剛，身去身來本三昧。」心中沒有邪念就是自性戒，心中沒有癡迷就是自性慧，心中清淨不亂就是自性定。自性不增不減，有如金剛不壞，形體有來有去，都在甚深禪定之中。本經〈定慧品〉中云：「一行三昧者，於一切處行、住、坐、臥，常行一直心是也。」

誠聞偈，悔謝，乃呈一偈曰：

五蘊幻身，幻何究竟？迴趣真如，法還不淨。

師然之。復語誠曰：「汝師戒定慧，勸小根智人。吾戒定慧，勸大根智人。若悟自性，亦不立菩提涅槃，亦不立解脫知見。無一法可得，方能建立萬法。若解此意，亦名佛身，亦名菩提涅槃，亦名解除知見。見性之人，立亦得，不立亦得。去來自由，無滯無礙，應用隨作，應語隨答，普見化身。不離自性，即得自在神通，遊戲三昧，是名見性。」

志誠再啟師曰：「如何是不立義？」

師曰：「自性無非，無癡無亂，念念般若觀照。常離法相，自由自在。縱橫盡得，有何可立？自性自悟，頓悟頓修，亦無漸次，所以不立一切法。諸法寂滅，有何次第？」

志誠禮拜，願為執侍，朝夕不懈。

志誠聽到這偈，受到啟發，表示懺悔，並向大師致謝。自己也獻上一偈道：「五蘊幻身，幻何究竟？迴趣真如，法還不淨。」五蘊是色受想行識，《心經》：「照見五蘊皆空。」五蘊聚合而成的身體當然是虛幻的，不可能是究竟，所以要發大心，超脫幻象去探討真如的本體。迴是迴向，趣是趣入。但有心為之，不能真正得法。《心經》後面又說：「無智亦無得，以無所得故。」《金剛經》講，應該要「無所住而生其心」。有心求，絕對求不到；無心求，也求不到。必須將有心無心都拋開，不著有，不著空，真如佛性本來現成。師然之，復語誠曰：「汝師戒定慧，勸小根智人，吾戒定慧，勸大根智人。」人的根器不同，這沒有辦法，所以教法就要不同。惠能這一套去教那些小根器的人，也不管用，神秀那一套來教這些大才慧的人，反而增加捆綁執著。「若悟自性，亦不立菩提涅槃，亦不立解脫知見。無一法可得，方能建立萬法。」若是契悟了自身佛性，不必再修證菩提涅槃，也不必再立解脫知見。沒有任何一種佛法可從外獲得，才能真正建立萬法。《金剛經》：「須菩提，於意云何……如來有所說法耶？須菩提言，如我解佛所說義，無有定法如來可說。」道家講「有生於無」，也有很深的道理。美國自認為天下第一，到處推行民主制度，傳播基督教義的福音，不尊重其他文明自有其法，搞得天下大亂。

「若解此意，亦名佛身，亦名菩提涅槃，亦名解除知見。見性之人，立亦得，不立亦得。去來自由，無滯無礙，應用隨作，應語隨答，普見化身，不離自性，即得自在神通，遊戲三昧，是名見性。」若體會了這個要旨，就可稱為佛身，也稱菩提涅槃，也稱解脫知見。見證自己本性的人，修不修這些方法都可獲得佛法。在自身佛性中來去自如，沒有阻滯沒有障礙，依據形勢隨機行動，因應語言隨口問答，處處顯現都是化身佛。只要不脫離自性，就可自在變化，神通廣大，遊戲於禪定的境界中，這才是悟見了自己的本性。志誠再啟師曰：「如何是不立義？」不立各種法門，是甚麼意思呢？師曰：「自性無非，無癡無亂，念念般若觀照。常離法相，自由自在。縱橫盡得，有何可立？自性自悟，頓悟頓修，亦無漸次。所以不立一切法。諸法寂滅，有何次第？」惠能回答：「自性中沒有是非，沒有愚癡，沒有散亂，起心動念都有般若智慧的觀照。超越事物的表相，自由自在，縱橫四方無不相得，何必建立各種修證的法門呢？自己體會自身佛性，頓悟頓修，也沒有固定的次序，所以不用立一切法。自性境界中萬法寂滅，有甚麼等級次序的區分？」恒卦〈大象傳〉稱：「君子以立不易方。」益卦與恒卦相錯又相交，〈大象傳〉：「君子以見善則遷，有過則改。」〈彖傳〉：「天施地生，其益無方。」〈繫辭傳〉：「神無方而易無體。」修證最高的境界本來就沒有固定的方法。本經〈般若品〉：「若識自性，一悟即至佛地。」

「志誠禮拜，願為執侍，朝夕不懈。」志誠聽了惠能開示，敬禮參拜，情願跟在大師身邊執事侍奉，從早到晚都不懈怠。乾卦第三爻：「君子終日乾乾，夕惕若，厲，無咎。」〈小象傳〉：「反復道也。」爻變為履卦，履字上戶下復，所有修行以開發自性為主。志誠受六祖點化，終生信受奉行。惠能很多主張與其他重要佛經相通，如《法華經》、《心經》等，只是他很少引經據典，咬文嚼字，真的是自性自悟，圓通無礙。

《法華經》很白話，只是除去心中作見解處，還說如來藏就是自性，本自空寂，並不停留一法。沒有罣礙，才能含容無限，就像大畜卦〈大象傳〉：「君子以多識前言往行以畜其德。」

《心經》：「無智亦無得，以無所得故。」眾生各式各樣的束縛太多了，看用什麼方法把它解開。蒙卦初爻爻辭：「發蒙，利用刑人，用說桎梏。」啟發蒙昧就得跟對上師，擺脫與生俱來的許多枷鎖。

僧志徹，江西人，本姓張，名行昌，少任俠。自南北分化，二宗主雖亡彼我，而徒侶競起愛憎。時北宗門人，自立秀師為第六祖，而忌祖師傳衣為天下聞，乃囑行昌來刺師。

師心通，預知其事，即置金十兩於座間。時夜暮，行昌入祖室，將欲加害，師舒頸就之。行昌揮刃者三，悉無所損。

師曰：「正劍不邪，邪劍不正。只負汝金，不負汝命。」

行昌驚仆，久而方蘇。求哀悔過，即願出家。師遂與金，言：「汝且去，恐徒眾翻害於汝。汝可他日易形而來，吾當攝受。」

行昌秉旨宵遁。後投僧出家，具戒精進。

僧志徹是江西人，本姓張，名行昌，少任俠。任俠其實就是混黑道的，《韓非子．五蠹篇》：「儒以文亂法，俠以武犯禁。」認為他們是國家社會的害蟲。「自南北分化，二宗主雖亡彼我，而徒侶競起愛憎。」這話真是讓人感慨，南北兩派宗主沒有彼此爭勝的想法，可是徒子徒孫卻競生愛憎之心。「時北宗門人，自立秀師為第六祖，而忌祖師傳衣為天下聞，乃囑行昌來刺師。」北宗門下僧眾自立神秀為禪宗六祖，又忌諱五祖弘忍傳授衣法與惠能一事天下皆知，就派遣行昌南來刺殺惠能，以清除障礙。

「師心通，預知其事，即置金十兩於座間。」惠能大師修養功深，有他心通，預先感知此事，放了十兩金錢在座位上。「時夜暮，行昌入祖室，將欲加害，師舒頸就之。行昌揮刃者三，悉無所損。」《老子》上講：「兵無所容其刃。」修為深厚的人，利刃都傷不了他。行昌夜半潛入祖師居室，將殺害惠能，祖師伸出脖子讓他砍，連砍三次毫無損傷。「師曰：正劍不邪，邪劍不正。只負汝金，不負汝命。」祖師說：「正劍不畏邪，邪劍難傷正，邪不勝正。以因果來說，我只欠你錢，並沒欠你命。」行昌嚇的仆倒在地，好久才甦醒，向大師哀求悔過，願意出家贖罪。「師遂與金，言：汝且去，恐徒眾翻害於汝。汝可他日易形而來，吾當攝受。」祖師說：「你暫且離開，不然我這邊的徒眾不會放過你。將來有緣，你改裝易容再來，我還是接納，現在不行。」行昌稟承意旨，當夜便逃走，到別處投奔佛寺出家，受具足戒，勤奮修行。我們怎麼看這刀槍不入的神通？我還占了一卦。得出不變的泰卦，天地交泰，六祖修為已到這種境界，卦辭稱：「小往大來，吉亨。」大致如此。

一日，憶師之言，遠來禮覲。師曰：「吾久念汝，汝來何晚？」

曰：「昨蒙和尚捨罪，今雖出家苦行，終難報德，其惟傳法度生乎？弟子常覽《涅槃經》，未曉常無常義，乞和尚慈悲，略為解說。」

師曰：「無常者，即佛性也。有常者，即一切善惡諸法分別心。」

曰：「和尚所說，大違經文。」

師曰：「吾傳佛心印，安敢違於佛經？」

曰：「經說佛性是常，和尚卻言無常。善惡諸法，乃至菩提心，皆是無常，和尚卻言是常。此既相違，令學人轉加疑惑。」

師曰：「《涅槃經》，吾昔聽尼無盡藏讀誦一遍，便為講說，無一字一義不合經文。乃至為汝，終無二說。」

曰：「學人識量淺昧，願和尚委曲開示。」

有一天行昌想起了大師的囑咐，遠到前來參禮拜謁。大師說：「我惦記你很久了，你怎麼這麼晚才來啊！」曰：「昨蒙和尚捨罪，」過去承蒙您寬恕我。稱和尚，算是拜師了。「今雖出家苦行，終難報德，其惟傳法度生乎？」他的贖罪就是自己出家苦行，心裡還是不安，他要去度化眾生，幫助別人。「弟子常覽《涅槃經》，未曉常無常義，乞和尚慈悲，略為解說。」當年無盡藏尼姑號稱精通《涅槃經》，結果被六祖收服度化。行昌不懂常跟無常的道理，請求大師慈悲，為他解說。《易經》講變易、不易、簡易，與佛教三法印：「諸行無常，諸法無我，涅槃寂淨。」道理相通。《涅槃經》本文稱佛陀告諸比丘：「一切諸法皆悉無常，恩愛合會無不別離。」「一切有為法，皆悉歸無常。」

大師說：「無常者，即佛性也。有常者，即一切善惡諸法分別心。」這大出行昌的意料之外，因為講的跟經典上正好相反，經上講佛性是常，涅槃四德是「常樂我淨」，就像「元亨利貞」為乾卦四德，永恆不變。世事是無常的，凡所有相皆是虛妄。大師剛好倒過來講，他說無常就是我們要追求的佛性，有常就是一切善惡諸法的分別心。

行昌說道：「和尚所說，大違經文。」師父您是不是講錯了，怎麼跟經文完全不一樣。大師說：「我所傳授的正是以心印心的佛法，怎敢違背佛經的宗旨？」行昌說：「經上說佛性是常，和尚卻說無常；經上說世間一切善惡事物以至覺悟之心，皆是無常，和尚卻說是常。您的說法與經文完全違背，讓學生更加疑惑不解。」大師說：「《涅槃經》這部經典，我當年聽無盡藏尼姑誦讀一遍，就為她講說經旨，沒有一字一義不合經意，現在對你講的也沒有兩樣。」行昌便道：「學生學識淺薄愚昧，請大師細講開導。」往下大師針對他的執著破解，因為行昌讀經沒通，把常跟無常固定化了。他心目中的常跟無常，完全是世俗人或是外道的看法，不是高深佛法講的常跟無常。大師故意倒過來講，真通了，這麼講也對，那麼講也對，沒真通，經文全會背還是不通。

師曰：「汝知否，佛性若常，更說什麼善惡諸法？乃至窮劫，無有一人發菩提心者？故吾說無常，正是佛說真常之道也。又一切諸法若無常者，即物物都有自性，容受生死，而真常性有不遍之處。故吾說常者，是佛說真無常義。佛比為凡夫外道，執為邪常，諸二乘人於常計無常，共成八倒，故於涅槃了義教中，破彼偏見，而顯說真常、真樂、真我、真淨。汝今依言背義，以斷滅無常，及確定死常，而錯解佛之圓妙最後微言，縱覽千遍，有何所益？」

行昌忽然大悟，說偈曰：

因守無常心，佛說有常性。不知方便者，猶春池拾礫。我今不施功，佛性而現前。

非師相授與，我亦無所得。

師曰：「汝今徹也，宜名志徹。」徹禮謝而退。

師曰：「汝知否？佛性若常，更說什麼善惡諸法？乃至窮劫，無有一人發菩提心者？」大師回答：你知道嗎？假定說佛性是常道，為什麼還要為眾生說善惡諸法？為什麼恆久以來，沒有一人發菩提心而成佛呢？常道怎麼會是這樣呢？所以我說佛性的顯現無常。「故吾說無常，正是佛說真常之道也。又一切諸法若無常者，即物物皆有自性，容受生死，而真常性有不遍之處。」我講的無常，正是佛祖講的真常。又若說一切諸法無常，那麼世間萬物都有自性，包容承受生死變遷，真常之性就不能遍及於萬物了。「故吾說常者，是佛說真無常義。」所以我講的有常，正與佛說的真無常相同。「佛比為凡夫外道，執為邪常，諸二乘人於常計無常，共成八倒，故於涅槃了義教中，破彼偏見，而顯說真常、真樂、真我、真淨。」二乘人就是前面講過的羊車、鹿車，小乘的聲聞、緣覺。凡夫有四種顛倒，小乘人也有四種顛倒，都沒有真正悟到大乘法。他執著的常，其實不是真正的常，只是一種顛倒知見。所以如果真悟道了，才是極樂，一般世俗的樂不是真樂，一下就沒有了。我是真我大我，不是「無我相」的小我，真我無定在無所不在。真淨是真的清淨，不是心中想要清淨。益卦上爻：「莫益之，或擊之。立心勿恒，凶。」〈小象傳〉：「偏辭也。」修學是想有所受進益，結果適得其反，陷入片面執著。偏就不正，以偏概全。「汝今依言背義，以斷滅無常，及確定死常，而錯解佛之圓妙最後微言，縱覽千遍，有何所益？」你死背那些經典上的言句，完全違背了真的義理，用小乘人的斷滅無常，以及世俗的僵死常見，誤解佛祖涅槃前所說的圓滿精妙的道理。這樣就算誦讀《涅槃經》一千遍，又有甚麼益處？「依言背義」四字非常警惕人，不善讀書的人就被文句綁死，真正讀通的人，瞭解大義，依不依言詞無所謂，怎麼說都對。正因如此，看到《涅槃經》終極境界的講法，自己若沒有超越分別相，根本不可能真懂。

行昌忽然大悟，說偈曰：「因守無常心，佛說有常性。不知方便者，猶春池拾礫。我今不施功，佛性而現前。非師相授與，我亦無所得。」我因為死守世間諸法無常心，不知萬物中自有佛性，拘執經中言詞，不知道佛祖是方便說法，好比在春天的池水裡去揀沙石。「不施功」就是「無所住而生其心」，不必刻意用功，佛性自現眼前。自性亦非大師授予，也不是外求可得。大師說：「你現在大徹大悟了！應該改名為志徹。」志徹禮謝而退。前面那位叫志誠，真心求法。這位叫志徹，撂下屠刀，立地成佛。

《楞伽經》云：「諸聲聞畏生死妄想苦而求涅槃，不知生死涅槃差別，一切性妄想非性。」所謂八倒，佛教認為凡夫有四種顛倒妄見：常顛倒、樂顛倒、我顛倒、淨顛倒，將無常、苦、無我、不淨世間，執為常、樂、我、淨。諸二乘人也有四種顛倒妄見：無常顛倒、無樂顛倒、無我顛倒、無淨顛倒，將涅槃常、樂、我、淨的境界，執為無常、無樂、無我、無淨。以上合稱八顛倒。大乘法認為「厭背生死，欣樂涅槃」是不了義，宣講「生死涅槃，二無差別」是了義。《涅槃經》稱：「依了義經，不依不了義經。」「聲聞乘名不了義，無上大乘乃名了義。」

有一童子，名神會，襄陽高氏子。年十三，自玉泉來參禮。

師曰：「知識遠來艱辛，還將得本來否？若有本則合識主，試說看。」

會曰：「以無住為本，見即是主。」

師曰：「這沙彌爭合取次語？」

會乃問曰：「和尚坐禪，還見不見？」

師以拄杖打三下，云：「吾打汝是痛不痛？」

對曰：「亦痛亦不痛。」

師曰：「吾亦見亦不見。」

神會問：「如何是亦見亦不見？」

師云：「吾之所見，常見自心過愆，不見他人是非好惡，是以亦見亦不見。汝亦言亦痛亦不痛如何？汝若不痛，同其木石；若痛，則同凡夫，即起恚恨。汝向前，見不見是二邊，痛不痛是生滅。汝自性且不見，敢爾弄人！」

神會禮拜悔謝。

「有一童子，名神會，襄陽高氏子。年十三，自玉泉寺來參禮。」中國社會永遠這樣，你什麼地方人，不要忘本。這麼年輕就參佛，從玉泉寺前來求法。師曰：「知識遠來艱辛，還將得本來否？若有本則合識主，試說看。」佛法不輕初學，不重久習。六祖以平常心對待一切來訪者，好像跟大人講話一樣客氣，說他不遠千里而來，有沒有證得本心，認識內在生命的主宰，有的話不妨說說看。唯識裡面講的第八識為阿賴耶識，又稱「主人公」，所謂「後去來先做主公」。人死了，神識還未散；還沒誕生，先入體軀，隨著輪轉。累世很多意念都藏在裡頭，往往在夢境中出現，讓人有似曾相識之感。神會說：「以無住為本，見即是主。」講的好像都對。《金剛經》講「無住生心」，不執著任何事物，這是修行的根本，獲得這種正知正見，就識得本來面目了。十三歲，境界並沒到，但是對答如流，油腔滑調。師曰：「這沙彌爭合取次語？」這是當地方言，你這個小和尚怎麼這樣隨便講話呢？會乃問曰：「和尚坐禪，還見不見？」神會繼續賣弄，還出題目考大師呢？「您坐禪時，內心有所見，還是無所見？」這不擊蒙不行了。惠能師以拄杖打了他三下。然後問我打你，你是痛不痛啊？神會回答：「亦痛亦不痛。」大師說：「我亦見亦不見。」神會繼續再問：「如何是亦見亦不見？」大師再說：「吾之所見，常見自心過愆，不見他人是非好惡，是以亦見亦不見。」你問我有見還是不見，我之有見，是經常看見自心的過失；我之不見，是看不到他人的過失，所以說亦見亦不見。你說亦痛亦不痛是甚麼意思？你若不痛，就同木石一樣無感；若痛，就跟凡夫沒有兩樣，會生怨恨之心。「汝向前，見不見是二邊，痛不痛是生滅。汝自性且不見，敢爾弄人！」你上前來，執著於見或不見，是兩種極端的偏見。感覺痛與不痛，是生命存在與否。你根本未見自己本性，還敢在這裡賣弄！」神會這時曉得不對了，趕緊禮拜悔過。

師又曰：「汝若心迷不見，問善知識覓路。汝若心悟，即自見性，依法修行。汝自迷不見自心，卻來問吾見與不見。吾見自知，豈代汝迷？汝若自見，亦不代吾迷。何不自知自見，乃問吾見與不見？」

神會再禮百餘拜，求謝過愆。服勤給侍，不離左右。

老師繼續點化他，又說：「汝若心迷不見，問善知識覓路。汝若心悟，即自見性，依法修行。汝自迷不見自心，卻來問吾見與不見。吾見自知，豈代汝迷？汝若自見，亦不代吾迷。何不自知自見，乃問吾見與不見？」你若是心地迷惑，未悟本性，就請教明師指引路徑；若是自己證得佛性，就依法修行。你自己迷惑不見本心，卻來問我有見無見。我若見佛性，自己內心知道，沒法代你清除迷惑。你若見性，也不能代我清除迷惑。怎麼不設法自知自見，還來問我有見無見。」《楞嚴經》第一卷記阿難白佛言：「自我從佛發心出家，常自思惟，無勞我修，將謂如來惠我三昧，不知身心本不相代，失我本心，雖身出家，心不入道。」每人都得靠自己，這叫「各正性命」，阿難是佛的親戚，也愛莫能助，自知自見才是正途。〈繫辭傳〉：「復，德之本也……復以自知。」小畜卦初爻：「復自道。」第二爻：「牽復，吉。」睽卦初爻：「喪馬勿逐，自復。」復即開發自性。神會這一下冷水澆頭，他畢竟是善根器，知道自己失禮。「神會再禮百餘拜，求謝過愆。服勤給侍，不離左右。」誠心認錯悔過，變成御前一品帶刀侍衛，被徹底收服。

一日，師告眾曰：「吾有一物，無頭無尾，無名無字，無背無面，諸人還識否？」

神會出曰：「是諸佛之本源，神會之佛性。」

師曰：「向汝道無名無字，汝便喚作本源、佛性。汝向去有把茆蓋頭，也只成個知解宗徒。」

祖師滅後，會入京洛，大弘曹溪頓教，著《顯宗記》，盛行於世，是為荷澤禪師。

一日，師告眾曰：「吾有一物，無頭無尾，無名無字，無背無面，諸人還識否？」出燈謎了。神會出曰：「是諸佛之本源，神會之佛性。」大家都有的自性，也就是真如本性，所以無頭無尾、無名無字、無背無面。《老子》第二十一章：「道之為物，惟恍惟惚，惚兮恍兮，其中有象；恍兮惚兮，其中有物。」第十四章：「其上不皦，其下不昧，繩繩不可名，復歸於無物。是謂無狀之狀，無物之象，是謂惚恍。迎之不見其首，隨之不見其後。」沒法描繪這是什麼東西？神會出來回答說：「這就是諸佛的本源，也是神會的佛性。」這回答當然對，但老師還是要機會教育，矯正他愛表現的習氣，說道：「向汝道無名無字，汝便喚作本源、佛性。」剛才說無名無字，你卻稱呼它是本源、佛性。《老子》首章：「道可道，非常道。名可名，非常名。」依《金剛經》的邏輯：「佛說本源佛性，即非本源佛性，是名本源佛性。」「汝向去有把茆蓋頭，也只成個知解宗徒。」你照這樣子發展去修，將來會出人頭地，有頂帽子戴在頭上，只能成個知解僧人。老師因為看重他，才針對他的毛病指點。這是好老師，該包蒙就包蒙，該擊蒙就擊蒙。

「祖師滅後，會入京洛，大弘曹溪頓教，著《顯宗記》，盛行於世，是為菏澤禪師。」惠能去世後，神會到長安、洛陽一帶，直接挑戰北宗，英氣逼人，大力弘揚頓教的法門，寫了《顯宗記》一書，在世間廣泛流傳，人們稱為菏澤禪師。

師見諸宗難問，咸起惡心，多集座下，愍而謂曰：「學道之人，一切善念惡念，應當盡除。無名可名，名於自性。無二之性，是名實性。於實性上建立一切教門，言下便須自見。」

諸人聞說，總皆作禮，請事為師。

這一品還有最後一小段就結束了。這是針對一般群眾，記在〈頓漸品〉。「師見諸宗難問，咸起惡心，多集座下，愍而謂曰：「學道之人，一切善念惡念，應當盡除。」」《莊子．齊物論》裡面厭惡到極點，「此亦一是非，彼亦一是非」，怎樣才能「得其環中，以應無窮」？南北二宗互相問難，習氣橫生，就是我對你錯，真正服善的人很少，在文字語言上爭上風，強詞奪理。劉劭的《人物志》中，講魏晉清談，大家搶話講，爭強好勝，這就是理論體系形成之後常見的事，他要跟這些徒眾講一講，這樣發展下去不是什麼好事。世俗的善惡是非，最好通通掃光。「無名可名，名於自性。」真的沒有任何名相可講，才是自性。「無二之性，是名實性。」這才是真實的佛性，有了分別就會執著，誰對、誰錯、誰善、誰惡，信基督上帝的，就覺得信阿拉真主的是惡，反之亦然。「於實性上建立一切教門，言下便須自見。」真正去掉分別心的善惡，當下就可以明心見性。還是這一句話，「復以自知」，自知自見，別人可幫不上忙，最多是提供機緣。「諸人聞說，總皆作禮，請事為師。」眾人聽了大師的慈悲開導，一起施禮致敬，請求接納他們為弟子。

護法品第九

我們談一談佛教中的咒，楞嚴咒、大悲咒，《心經》最後也有波羅揭諦的咒。咒很神秘，有人說咒只有聲音沒有意義，也有人說其實有意義，但不必去想它，自然就會有神效。豫卦的〈大象傳〉：「雷出地奮，豫。先王以作樂崇德，殷薦之上帝，以配祖考。」聆聽音樂會激奮人心，讓我們對未來有一種憧憬喜樂之情，進而積極行動。《禮記．樂記》：「大樂必易，大禮必簡。」咒是天籟，簡易之極。

《詩經》有風、雅、頌。風是民風，描寫庶民生活，〈周南〉、〈召南〉、十五國風。雅是貴族，高級知識分子，又分〈小雅〉、〈大雅〉，要雅俗共賞。最後還要通天地鬼神，所謂終極關懷，就是頌。頌的意境就跟咒有些接近了。

咒代表什麼？我占到不變的乾卦，就是萬物的根源，就是天理。我們算過念佛法門為乾卦九五：「飛龍在天，利見大人。」爻變大有卦，大家都可以往生。持六字佛號，居然就可以辦到。所以不要小看咒語，有其簡易卻深刻的道理。

再來看〈護法品第九〉。上次是南頓北漸，師兄弟到了晚年的過招。唐朝的皇室還在打惠能的主意，希望他來羽儀朝廷。惠能當然婉拒，這跟神秀往王權靠，品氣完全不同。當然一南一北，一在北邊很難拒絕，一處南方可以推辭。既然是頓悟法門，還靠攏政治勢力做什麼？完全沒有必要。《易經．雜卦傳》：「臨觀之義，或與或求。」觀是教化，臨是政治，不要逾越分際，維持好的互動即可，不然很容易就被污染。《金剛經》：「凡所有相，皆是虛妄。」帝皇王霸轉頭空，何必瞎攪和？

神龍元年上元日，則天、中宗詔云：「朕請安、秀二師宮中供養，萬機之暇，每究一乘。二師推讓云：『南方有能禪師，密授忍大師衣法，傳佛心印，可請彼問。』今遣內侍薛簡，馳詔請迎，願師慈念，速赴上京。」

師上表辭疾，願終林麓。

薛簡曰：「京師禪德皆云：欲得會道，必須坐禪習定，若不因禪定而得解脫者，未之有也。未審師所說法如何？」

師曰：「道由心悟，豈在坐也？經云：若言如來若坐若臥，是行邪道。何故？無所從來，亦無所去。無生無滅，是如來清淨禪；諸法空寂，是如來清淨坐。究竟無證，豈況坐耶？」

神龍元年正月十五日，武則天與唐中宗下達詔書。帝后聯名發詔，仍用中宗年號，則天在前，可見當時權力中心所在。「朕請安、秀二師宮中供養。」秀就是神秀，安是嵩山慧安禪師，都被尊為國師。慧安禪師據說活到一百二十八歲，比虛雲老和尚活到一百二十歲還長。

「萬機之暇，每究一乘。」最高領導人日理萬機，不可能躬親庶務日理萬事，針對瞬息萬變的時勢，天天做決策，交付執行，督責最後的結果。這句話出自《尚書．皋陶謨》：「兢兢業業，一日二日萬機；無曠庶官，天工人其代之。」再怎麼忙也有空檔，就潛心研究佛法，一乘即一佛乘，指佛法。武則天曾經做過尼姑，跟佛有緣，「無上甚深微妙法，百千萬劫難遭遇」的〈開經偈〉，就是出自她的手筆。洛陽龍門石窟那個大佛的像，據說是照她的像所造。政治鬥爭殘酷無比，修佛法或可得到心理平衡。清朝的雍正也是滿手血腥，白天殺人，晚上念佛？這都耐人尋味。二師推讓云：「南方有能禪師，密授忍大師衣法，傳佛心印，可請彼問。」他們懂得退讓，推崇惠能承繼五祖衣缽，建議把他接過來，三佛都到宮中不是很好嗎？「今遣內侍薛簡，馳詔請迎，願師慈念，速赴上京。」派遣宮廷內侍去南方傳詔邀請，希望惠能大慈大悲，趕快到京裡來。

「師上表辭疾，願終林麓。」惠能不是不識字嗎？上表應是請人代勞。告病通常可以推掉一些不想幹的事情，惠能不想去，用病做藉口，希望終老山林。屯卦第三爻：「即鹿無虞，惟入于林中。」鹿即麓，山腳下之意。

薛簡曰：「京師禪德皆云：欲得會道，必須坐禪習定，若不因禪定而得解脫者，未之有也。未審師所說法如何？」內侍一看請不到，總得問些東西回去覆命。他說京城那些修禪的大德都主張要打坐，才能夠悟道，不知大師有何看法？打坐修禪，這在前面〈定慧品〉、〈坐禪品〉，六祖都已經批判的夠多了。徒具形式，沒有真心是沒用的。京城的誘惑多，抗拒不了的時候就去打坐，打坐完了又得面對那些誘惑，故而認為這是不二法門，見識太淺了！他們會這樣，可能也跟安、秀兩位國師的主張有關，上有所好，下有所甚，北方流行這一套。

「師曰：道由心悟，豈在坐也？經云：若言如來若坐若臥，是行邪道。何故？如來者，無所從來，亦無所去。」佛道要由內心覺悟，怎麼能靠打坐得到呢？《金剛經》說：「須菩提，若有人言，如來若來若去，若坐若臥，是人不解我所說意。何以故？如來者，無所從來，亦無所去，故名如來。」「若以色見我，以音聲見我，是人行邪道，不能見如來。」禪宗從五祖到六祖，沒有離開金剛大法的範疇。「無生無滅，是如來清淨禪；諸法空寂，是如來清淨坐。究竟無證，豈況坐耶？」《心經》講：「不生不滅，不垢不淨，不增不減。」一天到晚坐著，不會酸痛嗎？《金剛經》又說：「不可以身相見如來……若見諸相非相，即見如來。」這才是清淨禪、清淨坐，才是如來的究竟法，何必拘泥於形軀上的打坐呢？

簡曰：「弟子回京，主上必問。願師慈悲，指示心要，傳奏兩宮，及京城學道者。譬如一燈燃百千燈，冥者皆明，明明無盡。」

師云：「道無明暗，明暗是代謝之義。明明無盡，亦是有盡，相待立名。故《淨名經》云：『法無有比，無相待故。』」

簡曰：「明喻智慧，暗喻煩惱。修道之人，儻不以智慧照破煩惱，無始生死，憑何出離？」

師曰：「煩惱即是菩提，無二無別。若以智慧照破煩惱者，此是二乘見解，羊鹿等機。上智大根，悉不如是。」

簡曰：「如何是大乘見解？」

師曰：「明與無明，凡夫見二，智者了達，其性無二。無二之性，即是實性，實性者，處凡愚而不減，在賢聖而不增，住煩惱而不亂，居禪定而不寂。不斷不常，不來不去，不在中間，及其內外，不生不滅，性相如如。常住不遷，名之曰道。」

簡曰：「弟子回京，主上必問。願師慈悲，指示心要，傳奏兩宮，及京城學道者。譬如一燈燃百千燈，冥者皆明，明明無盡。」薛簡有任務，不能就這樣交差，既然請不動，帶點東西回去也好，跟兩宮聖主報告，也讓京師那些學佛的領受些智慧。典故出自《維摩詰經‧菩薩品》：「無盡燈者，譬如一燈燃百千燈，冥者皆明，明終不盡。」大人以繼明照于四方。明夷卦第五爻：「箕子之明夷，利貞。」〈小象傳〉：「明不可息也。」火種不息，如果點燃了其他火苗，就可大放光明。爻變就是既濟卦，利涉大川，成功渡彼岸。

師云：「道無明暗，明暗是代謝之義。明明無盡，亦是有盡，相待立名。故《淨名經》云：『法無有比，無相待故。』」明暗有分別心，實非究竟。惠能又點撥說，道沒有明暗，不生不滅，不增不減，不垢不淨，還有什麼明暗呢？所謂明暗，有相互替代之意。晉跟明夷不就是這樣嘛？日出之後日落，日落之後日出，晝夜循環就是代謝。剝極而復、七日來復亦然。新枝怒發，老成凋謝。《金剛經》要泯除兩端分別，不著有，亦不著空。薪盡火傳仍有風險，不知哪一代時出大問題，讓唯一的火種熄了，往下不就熄了嗎？怎麼確定傳得下去？所以說明明無盡，還是有盡。例如離卦〈大象傳〉：「明兩作，大人以繼明照于四方。」萬一第四爻：「突如其來如，焚如死如棄如。」發生浩劫來不及拯救重建呢？那不就明盡永暗嗎？相對待立名，有有就有無，有生就有滅，就不是不生不滅了。《淨名經》（即《維摩詰經》）稱：「法無有比，無相待故。」後面還有：「法同法性，入諸法故。」佛法很難用我們世俗的分別觀念去比擬，因為它是超越對待的。

簡曰：「明喻智慧，暗喻煩惱。修道之人，儻不以智慧照破煩惱，無始生死，憑何出離？」內侍不服氣說，剛才講明跟暗，明是比喻法師有智慧，用您的明去點燃照亮京師那些人的暗，他們充滿了煩惱就是暗。修行佛法的人，如果不用智慧照破煩惱，墮落在無始無終的生死輪迴中，怎麼能夠脫離苦惱呢？

師曰：「煩惱即是菩提，無二無別。若以智慧照破煩惱者，此是二乘見解，羊鹿等機。上智大根，悉不如是。」煩惱就是菩提，根本無法分割區別。不是離開眼前的煩惱到外面去找菩提，而是要轉煩惱成菩提，其實還在煩惱中，可是不覺得是煩惱了。既濟就是未濟，此岸就是彼岸，娑婆世就是極樂世，心淨國土淨。這就得濟度眾生，才能證成佛果。不是只有我們煩惱，有煩惱的人比比皆是。地藏王菩薩常駐地獄，地獄不空，誓不成佛。如果以為用外來的智慧去照破煩惱，就是修小乘法人的見解。二乘即聲聞、緣覺。《法華經》中三輛車，羊車、鹿車比喻小乘根器，牛車比喻大乘菩薩，才懂什麼是不二法門。不二即一，整體渾同，不可分割。道家講「得一」、「抱一」、「為一」、「致一」、「貞一」，儒家再改一為元，奉元行事，意義更深。

簡曰：「如何是大乘見解？」薛簡受教請益，那甚麼是大乘佛法的見解呢？

師曰：「明與無明，凡夫見二，智者了達，其性無二。」明與無明，十二緣生法就從無明開始，其實本質上沒有差別，凡夫以為不同，智者通達，瞭解為一。《中庸》：「天命之謂性，率性之謂道，修道之謂教。」在天稱命，在人稱性，在身稱心，在己稱獨。命、性、心、獨，其實是一個東西，所以天人合一，才能一以貫之。《維摩詰經．不二法門品》稱：

「明、無明為二。無明實性即是明，明亦不可取，離一切數，於其中平等無二者，是為入不二法門。」「無二之性，即是實性。」這種並無二致的本質，就是真實的佛性，能除一切苦，真實不虛。「實性者，處凡愚而不滅，在賢聖而不增，住煩惱而不亂，居禪定而不寂。」這種真實的佛性，在世俗凡人身上並不減少，在賢聖身上也不會增加，本來就有，處在煩惱境界中並不混亂，在禪定境界中也不寂滅。「不斷不常，不來不去，不在中間，及其內外，不生不滅，性相如如，常住不遷，名之曰道。」一般認為是斷了就不常，常了就不斷。但是佛法不是這麼講。真實的佛性不斷滅也不常住，沒有到來也沒離去，沒有中間及內外的方位可言，沒有生成沒有消滅，真如長存，不遷不化，我們稱之為道。《中論》：「不生亦不滅，不常亦不斷，不一亦不異，不來亦不出。」《金剛經》：「不取於相，如如不動。」《楞嚴經》中佛祖問阿難，說你的心到底在哪裡？阿難找了半天找不到。因為心是無定在無所不在的，怎麼找得到呢？不在中間，也不在外面，七處證心，了不可得。〈繫辭傳〉：「神無方而易無體。」渙卦的波動亦然，充塞於任何時空中，正是《金剛經》所稱：「無我相，無人相，無眾生相，無壽者相。」

簡曰：「師說不生不滅，何異外道？」

師曰：「外道所說不生不滅者，將滅止生，以生顯滅，滅猶不滅，生說不生。我說不生不滅者，本自無生，今亦不滅，所以不同外道。汝若欲知心要，但一切善惡都莫思量，自然得入清淨心體。湛然常寂，妙用恆沙。」

簡蒙指教，豁然大悟。禮辭歸闕，表奏師語。

簡曰：「師說不生不滅，何異外道？」薛簡通曉一點佛法，用分別心去理解大乘法門就有扞格，所以會認為大師所說不生不滅的道理，跟一般外道沒有不同。佛教是往內求的，故稱內學。外道一切往外去求，永遠找不到真理。孟子說：「萬物皆備於我，反身而誠……求仁莫近焉。」本心固有之，不假外求。外道所說不生不滅者，就是一般對生滅的看法。「將滅止生，以生顯滅，滅猶不滅，生說不生。」如果滅了就不生，用生來顯示滅。其實還是相對的生滅法，他們說的滅還是不滅，說的生不見得是真正的生。《楞伽經》云：「邪見論生滅，妄想計有無。若知無所生，亦復無所滅。觀此悉空寂，有無二俱離。」「我說不生不滅者，本自無生，今亦不滅，所以不同外道。」我所說法性的不生不滅，因為本來就沒有生成，自然也沒有斷滅，所以和外道不同。井卦象徵眾生自性，卦辭：「改邑不改井，無喪無得。」可與此印證。《維摩詰經．不二法門品》：「生滅為二。法本不生，今則無滅。得此無生法忍，是為入不二法門。」這是簡單跟內侍講講，「汝若欲知心要，但一切善惡都莫思量，自然得入清淨心體。湛然常寂，妙用恆沙。」想善想惡，馬上陷入分別執著，甚至心緒就不會穩，總是以為自己善，人家惡，就很煩惱。不去思量，自然便能進入清淨無染的自心本體。佛性清澈寂靜，妙用如同恆河沙數，無窮無盡。《維摩詰經．不二法門品》：「善、不善為二。若不起善、不善，入無相際而通達者，是為入不二法門。」「簡蒙指教，豁然大悟。」這個天知道，希望是這樣。「禮辭歸闕，表奏師語。」回到京城，跟兩宮報告，大師如何如何說。

其年九月三日，有詔獎諭師曰：「師辭老疾，為朕修道，國之福田。師若淨名，托疾毗耶，闡揚大乘，傳諸佛心，談不二法。薛簡傳師指授如來知見，朕積善餘慶，宿種善根，值師出世，頓悟上乘。感荷師恩，頂戴無已。並奉磨衲袈裟及水晶缽，敕韶州刺史，修飾寺宇，賜師舊居為國恩寺焉。」

這一年的九月三日，朝廷降詔褒獎惠能大師，稱道：大師陳說年老有病，辭謝進京的召請。他繼續在那邊為我修道，是國家的福田。這種自高自大的官話，真是好笑！古今中外都很難免。「師若淨名，托疾毗耶，闡揚大乘，傳諸佛心，談不二法。」淨名就是維摩詰居士，假託生病住在毗耶城，闡說弘揚大乘佛法，傳授諸佛心法妙旨，講說至上不二法門。「薛簡傳師指授如來知見。朕積善餘慶，宿種善根，值師出世，頓悟上乘。感荷師恩，頂戴無已。」薛簡歸來，傳達了大師所指教的如來智慧。我因祖宗盛德所種善根，又遇上大師出世，使我頓悟上乘佛法。坤卦初爻〈文言傳〉：「積善之家，必有餘慶。」感懷大師的恩德，頂禮致意，表達不盡。特此獻上奉磨衲袈裟及水晶鉢，並敕命韶州刺史，修飾大師所在的寺廟，賜大師舊日所居的住處，名為國恩寺。

付囑品第十

師一日喚門人法海、志誠、法達、神會、智常、智通、志徹、志道、法珍、法如等，曰：「汝等不同餘人，吾滅度後，各為一方師。吾今教汝，說法不失本宗。先須舉三科法門，動用三十六對，出沒即離兩邊，說一切法，莫離自性。忽有人問汝法，出語盡雙，皆取對法，來去相因。究竟二法盡除，更無去處。」

三科法門者，陰、界、入也。陰是五陰，色、受、想、行、識也。入是十二入，外六塵，色、聲、香、味、觸、法，內六門，眼、耳、鼻、舌、身、意是也。界是十八界，六塵、六門、六識是也。自性能含萬法，名含藏識。若起思量，即是轉識。生六識，出六門，見六塵，如是一十八界，皆從自性起用。自性若邪，起十八邪，自性若正，起十八正。若惡用即眾生用，善用即佛用。用由何等？由自性有。

付囑品，很長很動人。《金剛經》：「如來善護念諸菩薩，善付囑諸菩薩。」大師將逝，交代最後的遺囑，要他們繼續護法。「師一日」，佛經本色，永遠不講哪一天。「一時，佛在舍衛國。」一時可以是任何時。「喚門人法海、志誠、法達、神會、智常、智通、志徹、志道、法珍、法如等」，除了後面那幾位沒出現外，都出過場了，都有受老師啟發的經驗。曰：「汝等不同餘人，吾滅度後，各為一方師。」出類拔萃，都可以獨當一面。確實也是，六祖看得很準，神會後來不是成為菏澤禪師嗎？師兄弟最好的走向恐怕也是各為一方師，因為誰都不會服誰，而且往後也沒有單傳七祖了，就是到處開花。損卦第三爻：「三人行則損一人，一人行則得其友。」各自出外闖蕩，才會有上爻的開闊氣象：「利有攸往，得臣無家。」這是徹底想通了，不然的話，又會爭得頭破血流。天下那麼大，何必一定要接祖廟呢？各為一方師，不是很好嗎？到一個新地方就你最大，你講什麼，人家也不會知道你講錯。如果是在師兄弟雲集的地方講，別人會說老師當時不是這樣講，你講錯了，那不是很沒面子嗎？聚在一起為萃卦，散播到天下四方為渙卦，影響更為深遠。

「吾今教汝，說法不失本宗。」散得再廣，千萬不要把本宗講錯了。「先須舉三科法門，動用三十六對，出沒即離兩邊，說一切法，莫離自性。」這是惠能的教學法。《易經》相綜一體的卦有三十六對，上經十八對，下經十八對，為一體的兩面。講道要圓融，不能只講一面，另外一面也要顧，不然就會偏執。這就是「出沒即離兩邊」，不能偏任一邊。益卦上爻：「莫益之，或擊之，立心勿恒，凶。」〈小象傳〉：「偏辭也。」偏就不正，偏就不全。離兩邊才合中道，這也是佛學的重要觀念，泯滅差別，即「不生亦不滅，不常亦不斷，不一亦不異，不來亦不去。」因為自性生萬法，所以說法莫離自性。「忽有人問汝法，出語盡雙，皆取對法，來去相因。究竟二法盡除，更無去處。」倘若有人突然向你們詢問佛法，回答用語要兼顧兩邊，皆舉相對事物以說明因緣及依存關係，面面俱到。最終完全消除有無、生滅、常斷、來去二相的分別，再無其他去處。

下面他要細講了。「三科法門者，陰、界、入也。陰是五陰，色、受、想、行、識也。」五陰就是五蘊，色、受、想、行、識，《心經》講「照見五蘊皆空」。入是十二入，就是身內六根與身外六塵：眼、耳、鼻、舌、身、意是根，色、身、香、味、觸、法是塵。根與塵合產生六識，眼識、耳識、鼻識、舌識、身識、意識。六根、六塵、六識的因緣合集，就是十八界，這是三科法門。色是物質，受想行識是心。

「自性能含萬法，名含藏識。若起思量，即是轉識。生六識，出六門，見六塵，如是一十八界，皆從自性起用。」從根源開始交代，算是總複習。人的自性包藏萬法，稱含藏識。心中若起思量，就是轉識。心中產生六種感覺意識，走出六根之門，相遇六種境相，總共十八界，皆從自性生。「自性若邪，起十八邪。」如果根源就不正，差之毫釐，失之千里。復卦見天地之心，初爻「元吉」，上爻「迷復，凶，有災眚。」无妄卦初爻往吉，上爻「行有眚，無攸利。」自性受到邪念障蔽，會生起十八種邪見。「自性若正，起十八正。」自性端正，就起十八種正見。所以要由《易》通佛，必須懂得剝盡來復，到无妄、大畜、頤、大過，到最後的坎、離，都在談心。坎卦卦辭：「有孚，維心亨。」離卦明心見性，故能以繼明照于四方。「若惡用即眾生用，善用即佛用。」根本就是一個東西，看怎麼用，用得好就成佛，用不好就是眾生。《易經》乾、坤二卦，有用九、用六。用九「見群龍無首，吉。」用六「利永貞。」那不是爻辭，任何一個卦都是六個爻，怎麼會跑出第七個爻呢？那是總綱，整個《易經》就是教我們用九用六，陰陽之變所追尋的最高境界。「用由何等？由自性有。」用怎麼來呢？從自性發用。

對法：外境無情五對，天與地對，日與月對，明與暗對，陰與陽對，水與火對，此是五對也。

法相語言十二對：語與法對，有與無對，有色與無色對，有相與無相對，有漏與無漏對，色與空對，動與靜對，清與濁對，凡與聖對，僧與俗對，老與少對，大與小對。此是十二對也。

自性起用十九對：長與短對，邪與正對，癡與慧對，愚與智對，亂與定對，慈與毒對，戒與非對，直與曲對，實與虛對，險與平對，煩惱與菩提對，常與無常對，悲與害對，喜與嗔對，捨與慳對，進與退對，生與滅對，法身與色身對，化身與報身對，此是十九對也。

師言：「此三十六對法，若解用，即道貫一切經法，出入即離兩邊。」

下面比較難了，光靠聽講是不行的，得不斷體驗實修。對法就是三十六對，他其實講的也很詳細了，最主要是運用，因為對象都是成才的大弟子，不需要太囉嗦。如果我們是第一次接觸，要到運用自如還早著呢！「外境無情五對：天與地對，日與月對，明與暗對，陰與陽對，水與火對。此是五對也。」這是講自然現象，乾坤坎離都有。〈說卦傳〉：「天地定位，山澤通氣，雷風相薄，水火不相射。」這是無情天地，有情眾生就不是了。下面講「法相語言十二對」，五對、十二對、十九對，加起來是三十六對。「語與法對，有與無對，有色與無色對，有相與無相對，有漏與無漏對。」這個漏字，如果道修的不是很圓滿就會漏，無漏法就是沒有任何瑕疵了，絕對不會有漏失。《易經》井卦第二爻：「井谷射鮒，甕敝漏。」汲水的水管材質不好會破漏，年久失修，表示修道的歷程中備嘗辛苦，爻變成蹇，沒有解脫。本來就沒有多少，再漏掉一些，顯然很不理想。到第五爻的時候就無漏了，「井洌，寒泉食。」爻變是升卦，自性全都開發出來了。然後是上爻：「井收勿幕，有孚元吉。」〈小象傳〉稱：「大成也。」不要蓋上井蓋，讓大家自由取水，利益眾生，大功告成，下接脫胎換骨的革卦。我們有學了很久的老學生，出去跟錯人，就批評《易經》沒有佛法高明，他說「不生不滅，不垢不淨，不增不減」這麼高的觀念，《易經》就沒有。沒有嗎？那井卦在講什麼？井卦就是講人生受困的時候，要懂得開發自性，一旦成功，困難自消。卦辭：「無喪無得」，不就是「不增不減」嗎？

「語與法對」，語言與佛法相對，禪宗重視內心體悟，反對執著言語，故以語與法對。《維摩詰經．不二法門品》：「於一切法無言無語，無示無識，離諸問答，是為入不二法門。」

「色與空對，動與靜對，清與濁對，凡與聖對，僧與俗對，老與少對，大與小對。此是十二對也。」「自性起用十九對：長與短對，邪與正對，癡與慧對，愚與智對，亂與定對，慈與毒對，戒與非對，直與曲對，實與虛對，險與平對，煩惱與菩提對，常與無常對，悲與害對，喜與嗔對，捨與慳對，進與退對，生與滅對，法身與色身對，化身與報身對，此是十九對也。」長與短對，皆自性發用，無盡的劫數與一念之間，其實平等無別。《華嚴經．普賢行願品》：「無量無數劫，解之即一念。知念亦無念，如是見世間。」亂與定對，本經〈坐禪品〉云：「本性自淨自定，只為見境思境即亂。」險與平對，〈繫辭傳〉以險易對言，易即平易：「辭有險易。」「德行恒易以知險。」師言：「此三十六對法，若解用，即道貫一切經法，出入即離兩邊。」懂得運用以上三十六對，即貫通一切經典佛法，與人解說時可以脫離兩邊的偏見。

十大弟子到底能體會多深不知道，我們看惠能前面講話，比較率性，晚年體系成熟了，言詞嚴謹得多。這叫「願把金針度與人」，期盼大法長傳。弟子根器若鈍，就未必跟得上腳步。但若每一代的祖師都不把金針度與人，不是每況愈下嗎？

自性動用，共人言語。外於相離相，內於空離空。若全著相，即長邪見。若全執空，即長無明。執空之人有謗經，直言「不用文字」，既云不用文字，人亦不合語言，只此語言，便是文字之相。又云「直道不立文字」，即此「不立」兩字，也是文字。見人所說，便即謗他言著文字。汝等須知，自迷猶可，又謗佛經，不要謗經，罪障無數。

「自性動用，共人言語。外於相離相，內於空離空。」自性如何發動與作用，與人言談時，對外在的事相須看空勿執著，對內心的意念亦不執著於空無。重點是於空要離空，不能執著那個空，執空就永遠進不了大乘法門，因為空不是在相外，就在色裡頭，所以叫「空不異色」。色即是空，是針對一般凡夫講的，因為大家都沉淪在色裡頭，沒有辦法空掉那個色相的干擾。可是有些人好像可以免除掉這些煩惱，又執著耽溺那個空了。空並非實有的境界。「若全著相，即長邪見。若全執空，即長無明。」所以著空長愚癡無明，著有增長邪見。「執空之人有謗經」，執著空的人還誹謗佛經，甚至說「不用文字」宣揚佛法。「既云不用文字，人亦不合語言」，既然說不用文字，連語言都可以省了，因為語言就是文字的相狀。「又云直道不立文字」，即此「不立」兩字，也是文字。「見人所說，便即謗他言著文字。汝等須知，自迷猶可，又謗佛經，不要謗經，罪障無數。」聽人講說佛法，還誹謗人家執著文字，這種人自己迷惑也就算了，還毀謗了佛經。不要毀謗佛經，罪孽深重啊！《老子》開宗明義：「道可道，非常道。名可名，非常名。」那為什麼還有五千言呢？禪宗雖說是「教外別傳，不立文字」，怎麼又有那麼多禪宗的經典呢？有了這些文字語言，要曉得不執著於經文，但還是得透過經文去悟道啊！《維摩詰經．觀眾生品》：「言說文字，皆解脫相。」「是故舍利弗，無離文字說解脫也。」

若著相於外，而作法求真，或廣立道場，說有無之過患。如是之人，累劫不可見性。

但聽依法修行，又莫百物不思，而於道性窒礙。若聽說不修，令人反生邪念。但依法修行，無住相法施。汝等若悟，依此說，依此用，依此行，依此作，即不失本宗。

「若著相於外，而作法求真，或廣立道場，說有無之過患。」那時禪宗很流行，六祖一生看到太多不成氣候、附庸風雅的現象。「如是之人，累劫不可見性。」這種人永生累世也不能見性成佛。「但聽依法修行」，還是照規矩來吧！「又莫百物不思，而於道性窒礙。」也不要什麼事情都不想，反而窒礙了佛道的流通。本經〈定慧品〉云：「道須通流，何以卻滯？心不住法，道即通流。心若住法，名為自縛。」又云：「若只百物不思，念盡除卻，一念絕即死，別處受生，是為大錯。」「若聽說不修，令人反生邪念，但依法修行，無住相法施。」菩薩以無所住而生其心，以無所住而行於布施，一旦有所住，流弊就不可勝窮。「汝等若悟，依此說，依此用，依此行，依此作，即不失本宗。」其實簡易的很，不必追求神秘，也不必要花招，什麼都不必，老實依法修行就好。

若有人問汝義，問有將無對，問無將有對，問凡以聖對，問聖以凡對。二道相因，生中道義，如一問一對。餘問一依此作，即不失理也。設有人問：「何名為暗？」答曰：「明是因，暗是緣，明沒則暗。」以明顯暗，以暗顯明，來去相因，成中道義。餘問悉皆如此。汝等於後傳法，依此轉相教授，勿失宗旨。

若有人向你們請問佛教義理，他問有的時候，就拿無來跟他講，就是那三十六對。「問凡以聖對，問聖以凡對。」這是什麼意思呢？有人問一般的事情，有所執著，你們就要點化他，告訴他有超凡入聖的境界。他如果問聖，冀望追求那個聖境，就提醒他普及眾生，不要鑽到象牙塔裡頭去了。凡聖是一，不是兩個東西，聖是開發出自性了，凡是還沒有開發出來，執著一邊的都不是究竟真理。有跟無也是一樣。講通俗是深入淺出，提攜凡人上進，不是媚俗，反而引人墮落。

「二道相因，生中道義。」在相對又互為因緣的關係中，自然生出不落兩邊偏見的中道之義，如同一問一答一樣。其他問題都依此辦理，就不會違背佛理了。假設有人問「甚麼叫做暗？」你們就回答說：「明是本因，暗是緣起。光明消逝了，黑暗就來臨。」用光明顯示黑暗，用黑暗對比光明。一來一去，因緣照應，就可證成中道之義。他講的可真細，苦口婆心，這是教學一輩子的老和尚的心得。「汝等於後傳法，依此轉相教授，勿失宗旨。」你們以後宣揚佛法，都要依照這宗旨代代相傳。不管怎麼變，大本不能失，講法不能脫離自性。怎麼說，怎麼靈活，怎麼達到目的就好。

《易經》就是相對法，我們隨便舉一例說明。坤卦第三爻，〈小象傳〉：「含章可貞，以時發也。」含跟發相對，現在不含，將來能發嗎？爻辭後半：「或從王事，無成有終。」無跟有相對，無成故能有終，爻變謙卦，結果最圓滿，這就是相對法。

師於太極元年壬子，延和七月，命門人往新州國恩寺建塔，仍令促工，次年夏末落成。

七月一日，集徒眾曰：「吾至八月，欲離世間。汝等有疑，早須相問，為汝破疑，令汝迷盡。吾若去後，無人教汝。」

法海等聞，悉皆涕泣。惟有神會神情不動，亦無涕泣。師云：「神會小師，卻得善不善等，毀譽不動，哀樂不生。餘者不得，數年山中，竟修何道？汝今悲泣，為憂阿誰？若憂吾不知去處，吾自知去處。若吾不知去處，終不預報於汝。汝等悲泣，蓋為不知吾去處。若知吾去處，即不合悲泣。法性本無生滅去來。汝等盡坐，吾與汝說一偈，名曰：〈真假動靜偈〉。汝等誦取此偈，與吾意同，依此修行，不失宗旨。」

唐睿宗太極元年壬子，又是改元的延和七月，惠能大師命門人前往新州國恩寺修建墓塔，催促加速施工，次年夏末落成。這是預知時至，好像六祖這種修為深厚的人都辦得到，走以前老人家都要有些安排佈局，以了心願。七月一號，集徒眾曰：「吾至八月，欲離世間。汝等有疑，早須相問，為汝破疑，令汝迷盡。吾若去後，無人教汝。」我還有一個月就要走了，趁老師還活著的時候趕快問，以後沒人問了，我都會告訴你們，希望你們那些迷惑都消除殆盡。這話講的很懇切，法海等人聽後，都悲傷落淚。惟有神會神情如常，也沒哭泣。大師因而說道：「神會小師，卻得善不善等，毀譽不動，哀樂不生。」這很像莊子，老婆死了「箕踞鼓盆而歌」，惠子責怪，他還開導人家，真是哀樂不入於心。舉世毀謗，毫不沮喪，稱讚也不會高興，沒有善跟不善的分別。「餘者不得，數年山中，竟修何道？汝今悲泣，為憂阿誰？」老師罵人了。其他人都做不到，這些年在山中修甚麼佛？「阿誰」應是方言，你們到底是為誰憂傷哭泣啊？如果是擔憂老師不知道自己去哪裡，我知道我要去哪裡。如果說我都不知道我要去哪裡，我會跟你一個月前就預報嗎？你們哭泣，大概因為不知我去處，若知道我去處，就不應該悲泣。法性本是不生不滅，無去無來的。你們都坐好，我為你們講說一首偈，名叫〈真假動靜偈〉。你們好好誦讀領悟，依此修行，不失本門宗旨。」

《維摩詰經．不二法門品》：「身、身滅為二。身即是身滅，所以者何？見身實相者，不起見身及見滅身，身與滅身無二無分別，於其中不驚不懼者，是為入不二法門。」

眾僧坐禮，請師作偈，偈曰：

一切無有真，不以見於真。若見於真者，是見盡非真。若能自有真，離假就心真。
自心不離假，無真何處真。有情即解動，無情即不動。若修不動行，同無情不動。
若覓真不動，動上有不動。不動是不動，無情無佛種。

能善分別相，第一義不動。但作如此見，即是真如用。報諸學道人，努力須用意。
莫於大乘門，卻執生死智。若言下相應，即共論佛義。若實不相應，合掌令歡喜。
此宗本無諍，諍即失道意。執逆諍法門，自性入生死。
時徒眾聞說偈已，普皆作禮，並體師意，各各攝心，依法修行，更不敢諍。

眾僧徒一起敬禮，請大師作偈頌。偈曰：「一切無有真，不以見於真。若見於真者，是見盡非真。」世間一切事物都不真，不要以為看到的就是真的。若以為所見為真，其實都不是真的。「若能自有真，離假就心真。自心不離假，無真何處真。」若想自心獲得真如，超越假相才見真心。自心不清除假相，假相障蔽何處見真？「有情即解動，無情即不動。若修不動行，同無情不動。」有情眾生能動是本性，無情的木石才不能活動。若修練枯坐不動，就跟木石沒兩樣。本經〈定慧品〉：「迷人著法相，執一行三昧，直言常坐不動，妄不起心，即是一行三昧。作此解者，即同無情，卻是障道因緣。」「若覓真不動，動上有不動。不動是不動，無情無佛種。」若要覓得真正不動，萬變之中法性真如不動。枯坐看似不動，卻如無情無佛種一般。震中有艮，艮中有震，變易中有不易，動靜一如。「能善分別相，第一義不動。但作如此見，即是真如用。」善能分別因緣諸相，又能持守最高義理而不動搖。但能如此觀察萬物，就是真如發揮妙用。「報諸學道人，努力須用意。莫於大乘門，卻執生死智。」奉告各位學佛的信眾，需用心勤修，不要在大乘法門中，還執著小乘生死的見識。「若言下相應，即共論佛義。」如果當下能夠悟了，就可以共同討論佛法旨意。「若實不相應，合掌令歡喜。」如果實在見解不合，大家也就隨緣，雙手合十不失歡喜。我們通常與人研究討論，兩相投契就繼續，如果見解相左，再談也浪費時間，就拱手哈哈一笑。禪宗本旨不在爭論，強爭便失佛意。《金剛經》中須菩提言：「佛說我得無諍三昧，人中最為第一，是第一離欲阿羅漢。」莊子在《齊物論》中長篇大論，也慨歎人的是非爭執，沒有辦法「得其環中，以應無窮」。「此宗本無諍，諍即失道義。」他就說這不能爭，謙就是不爭，才有最圓善的結果，爭就失了道義。「執逆諍法門，自性入生死。」一味強爭，自性就淪入生死海無法超脫。

當時徒眾聽完偈頌，一起施禮表達敬意，體會大師的意旨，各各收攝心神，依法修行，不敢再有無謂爭執。

乃知大師不久住世，法海上座再拜問曰：「和尚入滅後，衣法當付何人？」

師曰：「吾於大梵寺說法，以至於今，抄錄流行，目曰《法寶壇經》。汝等守護，遞相傳授，度諸群生。但依此說，是名正法。今為汝等說法，不付其衣。蓋為汝等信根淳熟，決定無疑，堪任大事。然據先祖達摩大師，付授偈意，衣不合傳。」偈曰：吾本來茲土，傳法救迷情。一花開五葉，結果自然成。

眾門徒都知道大師不久人世了，法海上座再次禮拜，問道：「師父圓寂之後，佛法衣缽傳付給誰呢？」和尚就是指導教授，親傳師。大師兄就關心這事：是不是該指定接班人了？惠能一定是深思熟慮，早就想定，他說：「吾自從在大梵寺開始說法，直到如今，所講的內容被人抄錄，流傳於世，稱作《法寶壇經》。你們要盡心守護，一代一代傳授下去，以度世間眾生。只要依照這部經講說，就是正確的佛法。」看來惠能充滿了自信，實話實說。「今天為你們說法，不再傳衣鉢。因為你們都能深信佛法，造詣淳厚，能擔起弘法重任。而且依據初祖達摩大師傳法偈頌的意旨，法衣不應再單傳給一人。祖師的偈頌說：『吾本來茲土，傳法救迷情。一花開五葉，結果自然成。』」我從西方來到東土，傳授佛法普渡眾生，一朵花開了五片葉子，結出佛果自然昌盛。祖師初始開拓，一脈單傳，現在時移勢轉，禪宗遍滿天下，單傳反致紛爭。孔子過世後，儒家分為八派，同門很難真誠合作，好處則是各地開花。

惠能親歷五祖傳衣之後的南北紛爭，堪稱九死一生，他不會糊塗到重蹈覆轍。

> 師復曰：「諸善知識！汝等各各淨心，聽吾說法，若欲成就種智，須達一相三昧、一行三昧。若於一切處而不住相，於彼相中不生憎愛，亦無取捨，不念利益成壞等事，安閒恬靜，虛融澹泊，此名一相三昧。若於一切處，行住坐臥，純一直心，不

動道場，真成淨土，此名一行三昧。若人具二三昧，如地有種，含藏長養，成熟其實。一相、一行，亦復如是。我今說法，猶如時雨，普潤大地。汝等佛性，譬諸種子，遇茲霑洽，悉皆發生。承吾旨者，決獲菩提。依吾行者，定證妙果。」

聽吾偈曰：心地含諸種，普雨悉皆萌。頓悟華情已，菩提果自成。

師說偈已，曰：「其法無二，其心亦然。其道清淨，亦無諸相。汝等慎勿觀靜，及空其心。此心本淨，無可取捨。各自努力，隨緣好去。」

爾時徒眾，作禮而退。

惠能又說：「各位佛門子弟！你們每人都要清淨本心，聽我說法，若要成就佛門的廣大智慧，必須通達一相三昧、一行三昧的法門。」一種智就像剝極而復、碩果不食內藏的核仁，見天地之心的自性，是最根本的智慧。「若於一切處而不住相，於彼相中不生憎愛，亦無取捨，不念利益成壞等事，安閒恬靜，虛融澹泊，此名一相三昧。」若是能對一切物相而不執著，對任何事物不生愛憎之情，也沒有佔取或捨棄之想，對利益與得失成敗不介於懷，心思安閒恬靜，謙虛圓融淡泊，就叫一相三昧。《易經》下經談人間世，咸為第一卦，卦辭：「亨利貞，取女吉。」一開始就想取。〈繫辭傳〉最後一章：「愛惡相攻而吉凶生，遠近相許而悔吝生，情偽相感而利害生。」伏羲畫卦，「近取諸身，遠取諸物」，不都是取嗎？還有捨，取不到要懂得放棄。屯卦第三爻：「即鹿無虞，惟入于林中。不如舍，往吝。」隨卦第三爻：「係丈夫，失小子。」〈小象傳〉：「係丈夫，志舍下也。」有所得就得有所捨，拿得起放得下，才能隨所住處恆安樂。無取捨，不生愛憎，不計成敗利益，太難了！

「若於一切處，行住坐臥，純一直心，不動道場。真成淨土，此名一行三昧。」若是能在一切處所，無論行住坐臥，都純然依照本心堅定不移修行，使內心成為佛國淨土，這叫一行三昧。本經〈定慧品〉：「一行三昧者，於一切處行、住、坐、臥，常行一直心是也。」「若人具二三昧，如地有種，含藏長養，成熟其實。一相一行，亦復如是。」《維摩詰經．菩薩品》：「直心是道場，無虛假故。」若人真懂了一相三昧、一行三昧的道理，就像土地中有了種子，能蘊藏生長結成果實。修行一相三昧與一行三昧，也是如此。「我今說法，猶如時雨，普潤大地。」我今日在此說法，就像及時的春雨，普降大地，滋潤萬物。解卦的〈大象傳〉：「雷雨作，君子以赦過宥罪。」〈彖傳〉：「天地解而雷雨作，雷雨作而百果草木皆甲坼。解之時大矣哉！」解卦之前為蹇卦，糾結難行，時雨一降，全獲解脫。解卦卦氣值陰曆二月，正是驚蟄春雨之時。「汝等佛性，譬諸種子，遇茲霑洽，悉皆發生。」你們本具的佛性，就如同種子，遇到春雨滋潤澆灌，都能發芽成長。「承吾旨者，決獲菩提。依吾行者，定證妙果。」繼承我的法旨，一定能獲菩提覺悟；依照我所說去修行，一定修成正果。

「聽吾偈曰：心地含諸種，普雨悉皆萌。頓悟華情已，菩提果自成。」人心如同大地，蘊藏諸種，桃有桃仁，杏有杏仁，一旦普降時雨，盡皆萌生。只要頓悟禪法，破除迷情，菩提正果自可修成。大師念完了偈頌，又說：「佛法並無兩種，自心也是一樣。佛法本來清淨，不受世間物相汙染。你們千萬不要住心觀靜，不要斷絕心念，甚麼都不想。自心本來清淨，沒有甚麼可以取捨的。你們各自努力，隨順機緣好好做事。」本經〈坐禪品〉：「此門坐禪，元不看心，亦不看淨。」

當時各門徒都向大師施禮，而後退下。

大師七月八日，忽謂門人曰：「吾欲歸新州，汝等速理舟楫。」

大眾哀留甚堅。師曰：「諸佛出現，猶示涅槃。有來必去，理亦常然。吾此形骸，歸必有所。」

眾曰：「師從此去，早晚可回？」

師曰：「葉落歸根，來時無口。」

又問曰：「正法眼藏，傳付何人？」

師曰：「有道者得，無心者通。」

又問：「後莫有難否？」

師曰：「吾滅後五六年，當有一人來取吾首。聽吾記曰：頭上養親，口裏須餐。遇滿之難，楊柳為官。」又云：「吾去七十年，有二菩薩從東方來，一出家，一在家，同時興化，建立吾宗，締緝伽藍，昌隆法嗣。」

問曰：「未知從上佛祖應現已來，傳授幾代？願垂開示。」

師云：「古佛應世，已無數量，不可計也。今以七佛為始。過去莊嚴劫，毗婆尸佛、尸棄佛、毘舍浮佛，今賢劫，拘留孫佛、拘那含牟尼佛、迦葉佛、釋迦文佛，是為七佛。釋迦文佛首傳摩訶迦葉尊者，第二、阿難尊者，第三、商那和修尊者，第四、優婆毱多尊者，第五、提多迦尊者，第六、彌遮迦尊者，第七、婆須蜜多尊者，第八、佛馱難提尊者，第九、佛馱蜜多尊者，第十、脇尊者，十一、富那夜奢尊者，十二、馬鳴大士，十三、迦毘摩羅尊者，十四、龍樹大士，十五、迦那提婆尊者，十六、羅睺羅尊者，十七、僧迦難提尊者，十八、迦耶舍多尊者，十九、鳩摩羅多尊者，二十、闍耶多尊者，二十一、婆修盤頭尊者，二十二、摩拏羅尊者，二十三、鶴勒那尊者，二十四、師子尊者，二十五、婆舍斯多尊者，二十六、不如蜜多尊者，二十七、般若多羅尊者，二十八、菩提達摩尊者，二十九、慧可大師，三十、僧璨大師，三十一、道信大師，三十二、弘忍大師，惠能是為三十三祖。從上諸祖，各有稟承，汝等向後，遞代流傳，毋令乖誤。」

七月八號，大師忽然對門徒說：「我現在要回新州去，你們快去準備舟船。」落葉歸根，這是中國人的觀念。和尚走以前還想回老家看一看。本來住在這裡，還有一個月的相處，回老家一趟，更看不到老師了。眾門徒苦苦哀求，堅請大師留下。老師說：「諸佛來到人間，最後也都示現涅槃之相，離開人世。有來必有去，這是當然之理。我的形軀，必然會有適當的歸宿。」眾人又說：「老師此去，何時可回？」大師回答：「葉落歸根，來時無口。」來的時候赤條條，走的時候瀟瀟灑灑。眾人又問：「禪宗的正法眼藏，傳給何人？」還在擔心誰接班。釋迦拈花，迦葉微笑，佛曰：「吾有正法眼藏，涅槃妙心，付予摩訶迦葉。」禪宗一開始就不立文字，明心見性。「有道者得，無心者通。」領悟佛道者自然就會得，能無心者自通。眾人又問：「老師圓寂以後，我們要維護老師法體、法脈，會不會遭遇什麼劫難？」惠能看未來事情好像都百發百中，他說：「我去世後五、六年，會有一人前來盜取我的首級。」且聽我的預言：「頭上養親，口裡須餐，遇滿之難，楊柳為官。」這就像卦爻辭有時會與問占者的姓名相合一樣，玄妙極了。往後全都應驗，這應該不是後來假造的。大師又說：「我去世後七十年，有兩個菩薩從東方來，一位是出家僧侶，一位是在家居士。他們二人會振興佛法教化，弘揚禪宗門風，到處興建佛寺，使佛事昌隆，代代相傳，不須擔心。」伽藍就是寺院，南北朝時有部書就叫《洛陽伽藍記》。六祖沒有門戶之見，不擔心法脈會斷。《法寶壇經》就擺在這裡，可以啟發後代無數的人，是不是在我們這裡成就有什麼關係呢？

眾人又問：「不知道從佛祖出世以來，共傳授了多少代？請師父開示。」

大師回答：古佛出世來人間弘法，為數甚多，不可計量。現在就從七佛開始，在過去莊嚴劫，有毗婆尸佛、尸棄佛、毘舍浮佛，今賢劫有拘留孫佛、拘那含牟尼佛、迦葉佛、釋迦文佛，這是七佛。釋迦傳給摩訶迦葉尊者，然後是阿難尊者。然後一直傳，傳到第十二是馬鳴大士，十四是龍樹大士，二十八是菩提達摩尊者，這是印度的法脈。達摩祖師來到中土，往下就是中土禪宗，第二十九是斷臂求法的慧可，第三十是三祖僧璨，三十一是四祖道信，三十二是五祖弘忍，惠能是為第三十三祖。從上各位祖師，都有授受傳承的關係，你們往後也要一代一代傳下去，不要有任何失誤。

佛教稱人世所經歷有小劫、中劫、大劫。過去的大劫稱莊嚴劫，現在大劫稱賢劫，未來大劫稱星宿劫。

我們來看剩下這點經文，最後一篇。大師要走了，走以前有哪些預言，後來完全應驗了。這是甚麼神通？事事心中有數，如來悉知悉見，不驚不懼。他那些大弟子，照講學的不錯了，可是罣礙還是很多，擔心這個擔心那個，擔心法能不能傳，擔心會不會有什麼災禍。我們一般人都是陷在這裡頭，他好像什麼都不介意，都認為沒問題。

真的是千百年難得出這麼一個人，從印度算起，禪宗第三十三祖。《易經》第三十三卦是天山遯，你看他好遯、嘉遯，遯的好漂亮。以前我們在講《莊子》的時候也說，莊子只有三十三篇，那是道家的遯。大過卦的遯非常人所能及，〈大象傳〉稱：「獨立不懼，遯世無悶。」乾卦上爻「亢龍有悔」，〈文言傳〉：「知進而不知退，知存而不知亡，知得而不知喪。」那就糟了！所以至少要到中國標準的聖人的修為，才能「知進退存亡，而不失其正」。這就是遯的問題，人生有進，一定有遯，該遯的時候遯得那麼難看，就是無窮煩惱的來源。乾卦不但最後一爻講「亢龍有悔」，涉及進退的問題，第一爻也在談進退的問題。潛龍是「龍德而隱者也，不易乎世，不成乎名，遯世無悶，不見是而無悶，樂則行之，憂則違之，確乎其不可拔，潛龍也。」自己愛怎麼活怎麼活，活的很愉快。天下都說他不對，他根本不在乎，天下都說他對，他也沒有什麼好高興的，就這種我行我素的修為。

漸卦不也是在處理遯的問題嗎？進退有序，候鳥飛來飛去，南來北往，到第五爻，雁群飛到山頂之後，第六爻就是告訴「進以正，退也以正」，樹立一個最好的典範，「其羽可用為儀，吉。」又飛回第三爻的位置，「鴻漸于陸」，完全沒有罣礙。遯的學問是人生必修的學分，很多人都過不了，因為那要到聖人的標準才成。道家有道家的遯，儒家有儒家的遯，佛家有佛家的遯。就像在震卦的時候大家都求表現，都想做主導，到艮卦要交棒的時候才考驗真正的修為，從東方到東北方，艮有終而復始之象。〈說卦傳〉稱：「終萬物始萬物者莫盛乎艮。」該止就止，當退則退，才是盛德大業啊！

大師先天二年，癸丑歲，八月初三日，於國恩寺齋罷，謂諸徒眾曰：「汝等，各依位坐，吾與汝別。」

法海白言：「和尚留何教法，令後代迷人得見佛性？」

師言：「汝等諦聽！後代迷人，若識眾生，即是佛性。若不識眾生，萬劫覓佛難逢。

吾今教汝識自心眾生，見自心佛性。欲求見佛，但識眾生。只為眾生迷佛，非是佛迷眾生。自性若悟，眾生是佛；自性若迷，佛是眾生。自性平等，眾生是佛；自性邪險，佛是眾生。汝等心若險曲，即佛在眾生中；一念平直，即是眾生成佛。我心自有佛，自佛是真佛。自若無佛心，何處求真佛？汝等自心是佛，更莫狐疑。外無一物而能建立，皆是本心生萬種法。故經云：心生種種法生，心滅種種法滅。吾今留一偈，與汝等別，名〈自性真佛偈〉。後代之人，識此偈意，自見本心，自成佛道。」

先天是唐明皇的年號，已經是武則天之後，到李隆基了。六祖是陰曆八月走的，觀卦，跟觀世音菩薩成道的月份一樣。華人社會說觀音是大壯月出生，觀卦的月份得道。這兩卦是相錯的，從充滿熱情的大壯，到非常冷靜可以觀透人心的觀卦就修煉成了，脫胎換骨，陰曆二月到陰曆八月。國恩寺就是武則天時政府幫著他修的，就修在六祖老家新州，他不是一開始說我原來只是個新州百姓嗎？中國人到老年總是想落葉歸根，想回家看看。八月初三，於國恩寺吃完飯，六祖很清楚就是今天了。他跟徒眾說：「你們都按照平常坐的位置坐好，我要跟你們告別了。」自古這種上課的法會，好像大家坐的位置都固定了，坐習慣了，自然就坐在那裡，不要安排，井然有序。法海總是第一個發言，上次問老師要傳給誰也是他。「您要留下些什麼東西，令後代迷人得見佛性？」坤卦代表廣土眾民，卦辭稱「先迷後得主」，常常迷失了內心的主宰。師父還有什麼要交代的，趕快跟我們講，我們來護法。「善護念諸菩薩，善付囑諸菩薩。」現在就是付囑了。

六祖說：「汝等諦聽！」你們就好好聽了。其實他講來講去還是那些，就是難做到。諦是真諦，言之帝，言的主宰，帝出乎震。佛教與根器高的人講真諦，接引根器低的人講俗諦，從俗通俗，真俗不二。俗諦深入淺出，真諦單刀直入，談核心的東西。真諦跟一般世俗講，會接不上線。所以在不違反真諦的情況下，做一些處理，講的特別簡易可行，可操作。觀卦的觀字，《說文解字》就叫「諦視也」。我們看事情要看到真諦，那種智慧就叫觀。觀比視要深刻。視、觀、察，逐步深入。《論語．為政篇》記子曰：「視其所以，觀其所由，察其所安，人焉廋哉？人焉廋哉？」觀看得很深透，不只是一個視覺的概念，絕對要用心想，要思維。人的官能，眼耳鼻舌身意，觀的重點不在視覺，強調的是耳根的圓通，所以叫觀世音。古代有禘祭，禘就是示字偏旁，右邊也是帝字，有主宰義。禘是五年一次的大祭，祭的就是宇宙的主宰，也是人心的主宰。汝等諦聽，專注去聽裡面最重要的意涵，要掌握真諦。「後代迷人，若識眾生，即是佛性。若不識眾生，萬劫覓佛難逢。」眾生皆有佛性。《金剛經》：「無我相，無人相，無眾生相。」眾生其實是個假相，就是各種因緣聚會，五蘊假合出來的東西，五蘊皆空。要是懂得了，看破了這個假相，就能掌握裡面的真諦，就是接觸到佛性了，真實的東西就能夠顯現出來。若識眾生，即是佛性。若不識眾生，如果沒有辦法看破這種五蘊假相，再怎麼辛苦，累世累劫去追求，也沒有辦法見識佛性。所以《心經》一開始就說，觀世音菩薩修的法門，就是要用最深的妙智慧，「照見五蘊皆空」。五蘊要是不能空，苦厄是不可能度的。換句話說，人生有很多煩惱痛苦，根本就是白受了。既然是假相，痛苦幹什麼？不是冤枉嗎？

「吾今教汝識自心眾生，見自心佛性。」還是瞭解自己心中的佛性，識破那些形形色色的眾生的假相，發現體證真相。「欲求見佛」，真想花開見佛，「但識眾生」，剝假見真。「只為眾生迷佛，非是佛迷眾生。」佛從頭到尾都沒有迷，因為眾生沒有辦法窺假見真，所以就自迷。坤卦「先迷後得主」，廣土眾民，一切眾生，習氣一有，很多虛妄的東西就把原來的那個源頭塞住了。自性若悟，眾生就是佛，自性若迷，佛就是眾生。撂下屠刀，立地成佛。一念之迷，可能又跌回魔境。明夷卦的「明夷之心」，跟復卦的「天地之心」，透過人位多凶的第三爻，爻一變，馬上就變了。《易經》簡易說明，佛魔就在一念之間，確實如此。「自性若迷，佛是眾生。自性平等，眾生是佛。」生佛平等，眾生就是佛，所以才會有諸佛，才會有群龍，人人可至，無法壟斷。「自性邪險，佛是眾生。」關鍵就在這裡。

佛經喜歡用「平」這個字，醫書上亦然，《易經》經傳亦然。「平」的境界值得重視追求。人要到平很不容易，個人就是心平氣和，再大的人群組織、國際組織，就是平天下，天下平。陰陽平衡，善惡平衡，身心平衡，健康的人就叫「平人」。觀卦修到那麼高，最後一爻為什麼後面接到噬嗑卦呢？因為「志未平也」。謙卦那麼偉大，那麼圓融，因為「裒多益寡，稱物平施」。坎卦真是險難無盡的地獄，君位的九五爻辭：「坎不盈，祇既平，無咎。」教我們怎麼拔離地獄之苦。你要不平，就絕對是風波動盪，交相害，川流中的礁岩，就會掀起驚濤駭浪。「平直即是彌陀，慈悲就是觀音。」平跟直，坤卦第二爻：「直方大，不習無不利。」你們把這些東西串在一起，儒釋道沒有那麼大的差距，就是真修到不容易。「汝等心若險曲，即佛在眾生中。」曲就不直，險就不平易，崎嶇不平。「一念平直，眾生就是佛。」說來說去都是這些。同人卦君位的第五爻：「先號咷而後笑，大師克相遇。」〈小象傳〉：「以中直也。」無論遭遇什麼樣的挑戰，一定可以過關。困卦第五爻：「乃徐有脫，利用祭祀。」爻變就是解脫的解卦，為什麼能夠脫困？〈小象傳〉：「以中直也。」「汝等心若險曲，即佛在眾生中；一念平直，即是眾生成佛。我心自有佛，自佛是真佛。自若無佛心，何處求真佛？」絕對不假外求，外求就叫外道了。佛教稱內學，一定是往內的，裡面有無限的空間。《易經》到處都講靠自己，乾卦「自強不息」，大有上爻「自天佑之」，頤卦「自求口實」。頤卦是六十四卦陰陽爻符號可以圍起來最大的內在空間，理論上無窮無限。內卦是震，絕對有主宰，動能無窮，外卦是艮，不動如山。老子講修道人身心像風箱一樣，永遠可以錘煉：「天地之間，其猶橐籥乎？虛而不屈，動而愈出。」

「自若無佛心，何處求真佛？」還到外面去找什麼？六祖說法一輩子，主要就是一直在提醒這一點。人的習慣都是拚命到外面去找，裡面的寶藏全忘了。到處去參加道場法會，不也是在外面找嗎？「汝等自心是佛，更莫狐疑。」他大概覺得有點無奈，講了一輩子，真聽懂的很少，大家多狐疑。我們之前講過乾卦天理昭昭，可是第二卦坤卦的廣土眾民，一開始就疑，初爻「履霜堅冰至，陰始凝也」，凝字右邊就是疑字。第二爻「直方大」，「而不疑其所行也」，自己不懷疑，也不讓人家懷疑，對不對？所以坤卦就在處理人際所產生的障礙與僵局，到最後可能變成「龍戰于野，其血玄黃」。乾卦第四爻「或躍在淵」，〈文言傳〉稱：「或之者，疑之也。」疑就麻煩，疑就不信。更莫狐疑，狐狸生性猜忌，畏首畏尾。易卦最後是既濟、未濟，不是小狐狸渡河嗎？結果不是弄濕了尾巴就是滅頂。因為猶疑，這一疑馬上就游不過去，就沉下去了，真是有意思。再來，人生尋求解脫，解卦的第二爻是不是叫「田獲三狐」。爻居內卦坎險之中，不去掉貪嗔癡慢疑，不可能真正解脫。睽卦的上爻，爻辭：「睽孤。見豕負塗，載鬼一車，先張之弧，後脫之弧。匪寇婚媾，往遇雨則吉。」〈小象傳〉：「遇雨之吉，群疑亡也。」看到泥巴豬，看到一車子的鬼都來害他，光怪陸離，種種幻象都出現了，就因為疑。

我有個學生做過大企業高管，跟我提他讀經的經驗。因為他接觸佛教很早，想把《金剛經》背下來。看《圓覺經》，覺得意境很美。早年拜師學中醫，體會中醫之美。學《易經》之後，覺得也很美。這包括意境、修辭章法，以及體會運用，就是易、佛、醫三經皆美。可是那天就跑出一句話，他覺得佛經之美，跟《易經》和中醫之美不大一樣。即便被那個境界吸引，把我們人生的一些糊塗照了一照，會醍醐灌頂，可是要怎麼實修，並不容易當下受用，就是可操作性不高，人不可能不在意操作性的。他覺得像《易經》，有時候一個爻看懂了，就是一般小老百姓，馬上可以操作，點出問題之所在，教你馬上怎麼辦，怎麼趨吉避凶，小悟有小得，大悟有大得，立刻就可以用，這就是操作性。佛經不是沒有操作性，他有不同的法門，不同的修煉方式，不同的戒律，不同的疑點。可是對日常生活忙碌的現代人來講，操作性不是一下能夠建立的，有時悟了之後，下面要怎樣做，可能還是很茫然，再不然就得經過一個很長久的循序漸進的過程，才能真正受益。那個境界都是這麼好，但怎麼修呢？碰到任何苦痛，馬上想凡所有相皆是虛妄？一念完了，又覺得不虛妄啊，蠻真實的，很痛苦啊！中醫的可操作性更不用講了，如果會通了，馬上可以解決問題。這裡也可看出中國人跟印度人，民族性很不一樣。

我覺得他這話說的很到位，所以前幾天就占卦，比較一下三大經典的可操作性。第一個就是《易經》的可操作性表現在哪兒呢？得出解卦的第二爻：「田獲三狐，得黃矢，貞吉。」把所有的困難與心理障礙通通搞清楚，然後成竹在胸，準備好黃金箭，暫時還不用發。爻變是豫卦，就是精確預測，準備解決問題。三狐代表所有的狐疑，一定要深入到裡面才瞭解問題之所在，搞清楚狀況，便知道怎麼去掉那些東西。解卦直到上爻才徹底解決：「公用射隼于高墉之上，獲之無不利。」知而後行，有備無患。

醫書的可操作性，就是漸卦的第五爻、第六爻，齊變有謙卦之象。整個中醫建立的龐大體系，到第五爻已經攀登巔峰，濟世救人。第六爻留下很多金科玉律，可為後人效法採用。這很圓滿，謙亨有終。謙卦考慮天地人鬼神的整體平衡，正合中醫要旨。

佛經呢？泰卦的二爻、三爻動，有復卦之象。剝極而復，剝就是空掉五蘊，復再讓你掌握真相，然後才能度一切苦厄。泰是地天交泰，第二爻得做充足準備：「包荒，用馮河，不遐遺，朋亡，得尚于中行。」要瞭解宇宙的奧秘，得想得好遠，還得有愛心與大勇。我的占卦經驗中，占到泰卦第二爻，通常要舉哀，因為真正能夠做到的很少，通常都是爻變之後為明夷的痛苦結果。泰卦第三爻是達到一個頂峰，得作極大的身心調整：「無平不陂，無往不復。艱貞無咎，勿恤其孚，于食有福。」泰卦中有復卦的象，七日來復非一朝一夕可至，不是說到冬至那一天，去參加什麼法會，讓仁波切切一切，去閉個關就解決了。復卦後面是无妄卦，閉關出來煩惱又來了，無妄之災，無妄之疾，怎麼對付？大致如此。中國人現實感很夠，希望經典的高深智慧，能讓一般常民當下就可以用在生活中，小悟有小得，大悟有大得。如果說要等到一百劫以後，才會得利，他就不滿意了。這個叫可操作性，我們學習的經驗確實是如此。

你們看釋迦牟尼修煉成佛，如果照他的講法得經過多少劫？要在中國社會，沒有這個耐心的。我們當下就要得利，現世就要改善，家庭就要美滿，人際就要和諧，哪裡能等那麼久！好了，大家參考吧。汝等自心就是佛，還有比這個還近的嗎？到外面找不是越找越遠嗎？所以復卦要「見天地之心」，初爻在講什麼呢？不是一講就講到要點：「不遠復。」不遠就很近嘛，一般人毛病就是到遠處去找，結果勞而無功，越走越遠。

「汝等自心是佛，更莫狐疑。」易簡而天下之理得，可是大家反而繞彎路，覺得不會這麼簡單吧。不要再狐疑了！「外無一物而能建立，皆是本心生萬種法。」萬法惟心造，自性生萬法，所有你外面看到的物相，皆是虛妄，如果沒有這個自性本心，根本就建立不起來的。「故經云：心生種種法生，心滅種種法滅。吾今留一偈，與汝等別。」作為贈別禮物，叫〈自性真佛偈〉。「後代之人，識此偈意，自見本心，自成佛道。」我們就是後代之人，就可以自見本心，自求口實，自昭明德，自強不息，自天佑之，吉無不利。如果沒好好修，就像解卦第三爻講的「負且乘，致寇至」。〈小象傳〉：「自我致寇，又誰咎也？」包袱沉重，不得解脫。或者就像需卦第三爻：「需于泥，致寇至。」陷入泥沼，難以自拔。

偈曰：真如自性是真佛，邪見三毒是魔王。邪迷之時魔在舍，正見之時佛在堂。性中邪見三毒生，即是魔王來住舍。正見自除三毒心，魔變成佛真無假。法身報身及化身，三身本來是一身。若向性中能自見，即是成佛菩提因。本從化身生淨性，淨性常在化身中。性使化身行正道，當來圓滿真無窮。淫性本是淨性因，除淫即是淨性身。性中各自離五欲，見性剎那即是真。今生若遇頓教門，忽遇自性見世尊。若欲修行覓作佛，不知何處擬求真？若能心中自見真，有真即是成佛因。不見自性外覓佛，起心總是大癡人。頓教法門今已留，救度世人須自修。報汝當來學道者，不作此見大悠悠！

這個偈沒有什麼好解釋的，他整部經就在講這個東西，重要東西才是一講再講，無聊的東西就不要囉嗦了，我們還是耐點心看看。「真如自性是真佛，邪見三毒是魔王。」好像也沒押韻，無所謂。三毒就是貪嗔癡，「邪迷之時魔在舍，正見之時佛在堂」，都住在你的心裡。乾卦第二爻，〈文言傳〉：「見龍在田，時舍也。」屯卦第三爻追不到獵物，就說「不如舍，往吝窮也」。姤卦第五爻，「有隕自天」，〈小象傳〉：「志不舍命也。」舍是暫居的地方，以後又要離開。隨卦第三爻：「係丈夫，失小子。」〈小象傳〉：「志舍下也。」舍是暫時的，宅則須久居，宅心仁厚就是復卦的概念，那是本家。剝極而復，剝卦〈大象傳〉：「上以厚下安宅。」安住本心，開發自性，就是復。

「正見之時佛在堂」，驅魔之後還可登堂入室，鑽研佛法的精微。「性中邪見三毒生，即是魔王來住舍。正見自除三毒心，魔變成佛真無假。」自己都能免疫，轉魔成佛。「法身報身及化身，三身本來是一身。」以前我們講過三身一體的概念，為了方便講出三個，其實是一個。我們不是都還算過卦嗎？法身、報身及化身，就叫三身一體，本來是一身，不二法門。怎麼才能悟道呢，還是要回歸自性中去體悟。「若向性中能自見，即是成佛菩提因。本從化身生淨性，淨性常在化身中。」千百億化身，現身說法，看對象決定現什麼身，看商人跟他談商業，碰到學者談學問，碰到老百姓，就談他能夠瞭解的東西。「性使化身行正道，當來圓滿真無窮。」自性本心能夠讓千百億化身行正道，圓滿無窮，很白話的。「淫性本是淨性因，除淫即是淨性身。性中各自離五欲，見性剎那即是真。今生若遇頓教門，忽遇自性見世尊。」禪宗頓悟，明心見性。佛祖不遠，遇到自性，就花開見佛。「若欲修行覓作佛，不知何處擬求真。」你要不走這一條路子，到哪裡去找佛？自性佛就在心中。「若能心中自見真，有真即是成佛因。」根據這個修，就有可能修成正果。蒙卦〈大象傳〉：「君子以果行育德。」到剝極而復，碩果不食，就修成正果了。結果之前有開花的階段，就是賁卦。蒙卦〈彖傳〉講的很清楚：「蒙以養正，聖功也。」屯卦是清新幼苗，蒙卦染習成昏。從屯卦的自然之生，到復卦的修道再生，就像植物從屯到蒙，從發芽到開花結果一樣。《易經》卦象前後的呼應關係，必須要能掌握。「不見自性外覓佛，起心總是大癡人。」到外面去找佛，這是絕大多數人做的事，怎麼發心永遠找不到，太癡了，一開始方向就錯了，因為佛不在外面，就在內心中。大有卦上爻講：「自天佑之，吉無不利。」天道就在自性中，不是外面有一個天在保佑你，如果燒香天就保佑你，那燒香的有那麼多人，老天保佑得過來嗎？然後兩方競爭，兩國發生戰爭，都進廟求老天爺保佑戰勝，我問你老天爺要怎麼辦？兩伊戰爭都是阿拉的信徒，那要開戰的時候，絕對都是用了最高的規格去求真主協助他們戰勝，那不是讓阿拉為難嘛？照顧這個，那個就氣，照顧那個，這個不就又麻煩嗎？「頓教法門今已留」，六祖講了這麼幾十年，最後又要他講一段，當老師真是累。頓教法門，現在已經留下來了，規範都在這裡，就看學生悟不悟得通。「救度世人需自修」，這個沒有辦法偷懶，愛莫能助。「報汝當來學道者」，我們都是來學道的。「不作此見大悠悠」，如果沒有這個正知正見，一輩子也不要想了，白費光陰，求不到任何東西，因為這是根基。我們講過學習的習，小鳥練飛，絕對是靠自己日課天天練。如果自己不用功，白費光陰，決不能成。

師說偈已，告曰：「汝等好住。吾滅度後，莫作世情悲泣雨淚，受人弔問，身著孝服，非吾弟子，亦非正法。但識自本心，見自本性，無動無靜，無生無滅，無去無來，無是無非，無住無往。恐汝等心迷，不會吾意，今再囑汝，令汝見性。吾滅度後，依此修行，如吾在日。若違吾教，縱吾在世，亦無有益。」

復說偈曰：「兀兀不修善，騰騰不造惡。寂寂斷見聞，蕩蕩心無著。」

師說偈已，端坐至三更，忽謂門人曰：「吾行矣！」奄然遷化。於時異香滿室，白虹屬地，林木變白，禽獸哀鳴。

師說偈已，這還不是他最後一偈，後面還有一首短的。六祖苦口婆心，告訴大家：「汝等好住。吾滅度後，莫作世情悲泣雨淚。」你們好自珍重，不要跟一般人一樣，在我滅度後還拚命在那邊哭得唏哩嘩啦。佛教最怕走的時候人家哭，他本來該去的地方，你這一哭，他不知道搞到哪兒去了。「受人弔問，身著孝服，非吾弟子，亦非正法。」從佛教講絕對是如此，從中國社會講，不這樣就是大不孝。出家人「但識自本心，見自本性，無動無靜，無生無滅，無去無來，無是無非，無住無往。」但識本心本性，這些都沒有分別。「恐汝等心迷，不會吾意。」還是有俗情，不能真正體會我的意思。「今再囑汝，令汝見性。」還是不放心，再囑咐你們，這個不二法門一定要見性，不然怎麼跟你講都是勉強接受，你不真懂。「吾滅度後，依此修行，如吾在日。」我活著的時候，天天跟你們相處，死後沒有什麼差別。「若違吾教，縱吾在世，亦無有益。」若違反了這個教法，就算我肉身活著天天跟你們窮泡，也沒有甚麼效益。「復說偈曰」，這是最後一偈了：「兀兀不修善，騰騰不造惡。寂寂斷見聞，蕩蕩心無著。」不思善，不思惡，就是很自在，真正的安靜。不要修善，不要造惡，一切如如不動，自在自然，什麼都不著。「師說偈已，端坐至三更，忽謂門人曰：『吾行矣！』奄然遷化。」他的生命力很強，還選三更，因為六祖就是三更時候受五祖法偈的。他在那邊端坐，最後講一句話：我走了。「於時異香滿室，白虹屬地，林木變白，禽獸哀鳴。」蔣介石走時，飛砂走石，狂風暴雨，那是一九七五年四月。他們講清朝曾國藩走的時候也是，只有六十出頭就走了。天地同悲，紀念一下。如果在西方社會，教堂鐘聲齊鳴，你看他們教皇選出來不是要放黑煙或放白煙嗎？

十一月，廣、韶、新三郡官僚，洎門人僧俗，爭迎真身，莫決所之。乃焚香禱曰：「香煙指處，師所歸焉。」時香煙直貫曹溪。十一月十三日，遷神龕並所傳衣缽而回。

次年七月二十五日出龕，弟子方辯以香泥上之。門人憶念取首之記，遂先以鐵葉漆布，固護師頸入塔。忽於塔內白光出現，直上衝天，三日始散。韶州奏聞，奉敕立碑，紀師道行。師春秋七十有六，年二十四傳衣，三十九祝髮，說法利生三十七載。得旨嗣法者，四十三人，悟道超凡者，莫知其數。達摩所傳信衣，中宗賜磨衲、寶鉢，及方辯塑師真相，並道具等，主塔侍者尸之，永鎮寶林道場。流傳《壇經》，以顯宗旨，此皆興隆三寶，普利群生者。

十一月，又過了一季。「廣、韶、新三郡官僚，洎門人僧俗，爭迎真身，莫決所之。」因為六祖肉身沒壞，變成大家爭的目標了，後來韓國人還要來砍他的頭，記得他的預言嗎？真好笑，他就是不要大家爭。有些人要靠那個發財，有的人要強化信心，都是爭，無諍三昧，真難啊！三個郡的官僚跟門人僧俗都爭著迎真身，難以決定放在何處。現在也是一樣，老子、莊子的故鄉究竟在哪裡？好多地方爭。孫武的故鄉在山東惠民還是廣饒？兩個地方都爭著主辦兵法論壇，因為可以創收和繁榮地方，可以爭取立項。「乃焚香禱曰：香煙指處，師所歸焉。」最後沒有辦法，就讓神靈決定了。焚香祝禱，香煙飄向哪兒就是哪兒，就是六祖真身存放之所。結果香煙直貫曹溪。「十一月十三日，遷神龕並所傳衣缽而回。」這個實在很有趣。真人跟俗人就是差這麼多，六祖也知道，那沒辦法。因為佛法在世間，不離世間覺。你看人家那麼多毛病，別管了，若真修道人，不見世間過。世間癡迷，就從俗吧！常自見己過，才是真正的明白人，聰明人，才能成就。天天挑別人的毛病，自己的毛病一點都沒動，怎麼成就呢？

「次年七月二十五日出龕，弟子方辯以香泥上之。門人憶念取首之記，遂先以鐵葉漆布，固護師頸入塔。」第二年，眾人將六祖真身請出佛龕，弟子方辯用香泥塗在大師遺體上。這時門人想起六祖說過的預言，將來會有人來盜取首級，於是用鐵片與漆布牢固保護師父頸部，再安放進塔中。「忽於塔內白光出現，直上衝天，三日始散。」這種異象，應該是弟子們傳誦下來的，跟真身不壞同樣匪夷所思。

「韶州奏聞，奉敕立碑，紀師道行。師春秋七十有六，年二十四傳衣，三十九祝髮，說法利生三十七載。」六祖七十六歲走的，跟孔老夫子差不多，大一點點。二十四歲受五祖傳衣缽，好年輕就接大任，三十九歲才剃度，祝髮就是斷髮。《論語．先進篇》記載，顏回死的時候，孔子說：「天喪予！」老天要滅亡我，讓我後繼無人。《春秋公羊傳》哀公十四年，子路死，孔子說：「天祝予！」老天要斬斷我的法脈，祝是斷的意思。說法度眾生三十七年，「得旨嗣法者，四十三人，悟道超凡者，莫知其數。」這是教學有成，真不容易。「達摩所傳信衣，中宗賜磨衲、寶缽，及方辯塑師真相，並道具等。主塔侍者尸之，永鎮寶林道場。」這就像文物紀念館了，由守護墓塔的人負責保管，作為寶林道場的鎮寺之寶。「流傳《壇經》，以顯宗旨，此皆興隆三寶，普利群生者。」《六祖壇經》從此流傳於世，宣揚禪門宗旨，造福眾生。

師入塔後，至開元十年壬戌，八月三日，夜半，忽聞塔中如拽鐵索聲。眾僧驚起。見一孝子從塔中走出，尋見師頸有傷，具以賊事聞於州縣。縣令楊侃、刺史柳無忝，得牒切加擒捉。五日，於石角村捕得賊人，送韶州鞫問。云：「姓張，名淨滿，汝州梁縣人。於洪州開元寺，受新羅僧金大悲錢二十千，令取六祖大師首，歸海東供養。」柳守聞狀，未即加刑，乃躬至曹溪，問師上足令韜曰：「如何處斷？」韜曰：

「若以國法論，理須誅夷。但以佛教慈悲，冤親平等。況彼求欲供養，罪可恕矣。」

柳守加歎曰：「始知佛門廣大。」遂赦之。

上元元年，肅宗遣使就請師衣鉢歸內供養。至永泰元年，五月五日，代宗夢六祖大師請衣鉢。七日，敕刺史楊緘云：「朕夢感能禪師請傳衣袈裟，卻歸曹溪。今遣鎮國大將軍劉崇景頂戴而送。朕謂之國寶，卿可於本寺如法安置，專令僧眾親承宗旨者，嚴加守護，勿令遺墜。」後或為人偷竊，皆不遠而獲，如是者數四。

憲宗諡大鑒禪師，塔曰元和靈照。其餘事蹟，係載唐尚書王維、刺史柳宗元、刺史劉禹錫等碑。守塔沙門令韜錄。

「師入塔後，至開元十年壬戌，八月三日，夜半，忽聞塔中如拽鐵索聲。」六祖的預言應驗了。「眾僧驚起。見一孝子從塔中走出，尋見師頸有傷，具以賊事聞於州縣。」照大陸他們的講法，浙江九華山那邊的肉身佛也很多，雖然不見得像六祖那麼圓滿，可是文革時紅衛兵去破壞，照樣破壞得了，並非刀槍不入。南方濕氣重，金身不壞真不容易。

眾僧馬上報官。「縣令楊侃、刺史柳無忝，得牒切加擒捉。」一個姓楊，一個姓柳，前面六祖不是有預言嗎？「楊柳為官。」得報後下令捉賊。「五日，於石角村捕得賊人，送韶州鞫問。」兩天後逮到，送韶州審問。「云：姓張，名淨滿，汝州梁縣人。於洪州開元寺，受新羅僧金大悲錢二十千，令取六祖大師首，歸海東供養。」賊人張淨滿，是不是「遇滿之難」？孝子奉養雙親，為了生活作賊，正是「頭上養親，口裡須餐。」新羅就是韓國，在海之東，所以我們說韓國自古就有盜竊中華國寶的癖性。「柳守聞狀，未即加刑，乃躬至曹溪，問師上足令韜曰：如何處斷？」柳太守（即刺史）聽了供詞後，沒有馬上處罰，他曉得這個事情要慎重處理。以前人做事都是考慮比較周詳，很有分寸，他親自到曹溪，問惠能的高足弟子令韜，怎麼處斷為宜。「韜曰：若以國法論，理須誅夷。但以佛教慈悲，冤親平等。況彼求欲供養，罪可恕矣。」令韜回答：以國法論，就得處死。但佛法慈悲為懷，冤親一律平等，何況犯人是要取去供養，應該可以寬恕。我問你們，冤跟親真的能平等嗎？太難了！「柳守加歎曰：始知佛門廣大。遂赦之。」柳太守聽了感嘆，讚稱佛門廣大無邊，就赦免了張淨滿的罪過。解卦〈大象傳〉：「君子以赦過宥罪。」第五爻爻辭：「君子維有解，吉。有孚于小人。」就是這種胸懷的體現。

「上元元年，肅宗遣使就請師衣鉢歸內供養。」這到唐肅宗了，已經是安史之亂之後。肅宗派遣使者，將傳法衣鉢請到京城宮中供養。「至永泰元年，五月五日，代宗夢六祖大師請衣鉢。」唐代宗夢到六祖大師，請求送回衣鉢。「七日，敕刺史楊緘云：朕夢感能禪師請傳衣袈裟，卻歸曹溪。」從哪裡來的還是回到哪裡去，完全不需要擺在國家的都城，所以他覺得很對。「今遣鎮國大將軍劉崇景頂戴而送。朕謂之國寶，卿可於本寺如法安置，專令僧眾親承宗旨者，嚴加守護，勿令遺墜。」代宗接受六祖托夢的心意，遣人高規格地護送回寶林寺，叮囑嚴加守護，絕不可以出任何狀況，不要讓國寶流失。「後或為人偷竊，皆不遠而獲，如是者數四。」後來還發生了好多次偷竊行為，沒多遠即被追回。復卦初爻爻辭：「不遠復，無祇悔。元吉。」六祖修成的境界，就同剝極而復，見天地之心。「憲宗諡大鑒禪師，塔曰元和靈照。其餘事蹟，係載唐尚書王維、刺史柳宗元、刺史劉禹錫等碑。守塔沙門令韜錄。」這三位都是大大有名的唐朝詩人，都有撰寫碑文。

如果對《壇經》或者六祖有興趣的，資料其實很多，民國丁福保居士作的《六祖壇經箋注》，蒐羅相當豐富，可以參閱。

從易經解六祖壇經 / 劉君祖著 . -- 初版 . -- 臺北市 : 大塊文化出版股份有限公司 , 2022.02

面； 公分（劉君祖易經世界 ; 23）

ISBN 978-986-0777-92-5（平裝）

1. 易經 2. 六祖壇經 3. 研究

121.17 110022137

劉君祖易經世界23

從易經解六祖壇經

作 者：劉君祖
封面繪圖：李錦枝
封面設計：張士勇
責任編輯：李濰美
校 對：趙曼如、李昧、劉君祖
法律顧問：董安丹律師、顧慕堯律師
出 版：大塊文化出版股份有限公司
地 址：台北市 105022 南京東路四段二十五號十一樓
網 址：www.locuspublishing.com
讀者服務專線：0800-006689
電 話：(02) 87123898 傳真：(02) 87123897
郵撥帳號：18955675 戶名：大塊文化出版股份有限公司
總 經 銷：大和書報圖書股份有限公司
地 址：新北市 24890 新莊區五工五路二號
電 話：(02) 89902588（代表號） 傳真：(02) 22901658
初版一刷：二〇二二年二月
定 價：新台幣四〇〇元
Printed in Taiwan